Diventare un Imprenditore Digitale: Come Creare e Vendere Prodotti Online

I0466861

TITOLO DEL LIBRO

Introduzione

1. Obiettivo del Libro

L'obiettivo di questo libro è fornire una guida pratica e dettagliata per chi desidera diventare un imprenditore digitale. Nel mondo odierno, la tecnologia ha reso possibile per chiunque, indipendentemente dalla propria posizione geografica o background professionale, creare e vendere prodotti online. Questo libro mira a demistificare il processo, offrendo un percorso chiaro e strutturato che copre tutte le fasi, dalla concezione dell'idea alla commercializzazione del prodotto.

L'imprenditoria digitale offre un'incredibile opportunità di libertà e flessibilità. Puoi lavorare da qualsiasi parte del mondo, impostare i tuoi orari e costruire un business intorno alle tue passioni. Tuttavia, come qualsiasi impresa, richiede pianificazione, dedizione e una buona comprensione del mercato e delle tecniche di vendita. Questo libro è progettato per essere una risorsa completa che ti guiderà attraverso ogni passaggio necessario per costruire un business digitale di successo.

Perché Questo Libro è Diverso?

Esistono molti libri sul mercato che trattano vari aspetti dell'imprenditoria digitale, ma pochi offrono una panoramica completa e integrata di tutte le fasi del processo. Questo libro combina teoria e pratica, fornendo non solo informazioni e concetti, ma anche strumenti e strategie pratiche che puoi implementare immediatamente. Ogni capitolo è strutturato per essere autonomo, in modo che tu possa leggerlo sequenzialmente o saltare alle sezioni che ritieni più rilevanti per la tua situazione attuale.

Cosa Imparerai?

1. **Capire il Mercato Digitale**: Analizzeremo il mercato digitale e ti insegneremo come identificare le opportunità più promettenti. Capirai come definire il tuo pubblico target e adattare il tuo prodotto alle sue esigenze.

2. **Sviluppare l'Idea del Prodotto**: Imparerai tecniche di brainstorming per generare idee innovative e come validare la tua idea prima di investire tempo e denaro.

3. **Creare il Prodotto**: Scoprirai gli strumenti e le risorse necessari per creare un prodotto digitale di alta qualità. Parleremo di design, usabilità e produzione di contenuti digitali.

4. **Preparare il Lancio del Prodotto**: Pianificare un lancio di successo è cruciale. Imparerai come creare una roadmap per il lancio, utilizzare strategie di pre-lancio e progettare una landing page efficace.

5. **Marketing e Vendita del Prodotto**: Esploreremo le migliori strategie di marketing digitale, inclusi SEO, email marketing e pubblicità a pagamento, per assicurarti che il tuo prodotto raggiunga il pubblico giusto.

6. **Gestione e Crescita del Business**: Una volta lanciato il prodotto, dovrai gestire il business e cercare opportunità di crescita. Ti forniremo strumenti per analizzare le prestazioni, migliorare il servizio clienti e scalare il tuo

business.

7. **Casi di Studio e Testimonianze**: Imparerai da storie di successo di altri imprenditori digitali, analizzando cosa ha funzionato per loro e cosa puoi applicare al tuo business.

Chi Dovrebbe Leggere Questo Libro?

Questo libro è rivolto a chiunque sia interessato a entrare nel mondo dell'imprenditoria digitale, sia che tu sia un neofita senza esperienza precedente, un imprenditore tradizionale che vuole espandersi online, o un professionista del marketing che cerca di migliorare le sue competenze. È anche utile per chi ha già un business digitale ma vuole migliorare le proprie strategie e processi.

Come Usare Questo Libro

Ogni capitolo di questo libro è progettato per essere letto e applicato in modo sequenziale, ma puoi anche saltare alle sezioni che ti interessano di più in base alla tua attuale fase di sviluppo. Alla fine di ogni capitolo troverai esercizi pratici e risorse aggiuntive che ti aiuteranno a mettere in pratica ciò che hai imparato.

Iniziamo questo viaggio verso l'imprenditoria digitale, dove le possibilità sono infinite e le uniche limitazioni sono quelle che imponi a te stesso. Buona lettura e buon lavoro!

2. Importanza dell'Imprenditoria Digitale

Nel mondo odierno, l'imprenditoria digitale non è solo una tendenza passeggera, ma una rivoluzione che sta trasformando il modo in cui lavoriamo, compriamo e interagiamo. Questo capitolo esplorerà l'importanza dell'imprenditoria digitale, mettendo in luce le opportunità che offre e perché è essenziale considerare questo percorso nel contesto economico attuale.

Cambiamento del Panorama Economico

L'economia globale è in continua evoluzione e l'emergere delle tecnologie digitali ha accelerato questo processo. Internet ha democratizzato l'accesso alle informazioni e ha abbattuto le barriere tradizionali all'ingresso nel mondo degli affari. Ora, chiunque con una connessione internet e una buona idea può avviare un'attività, riducendo significativamente i costi iniziali associati alla creazione di un'impresa tradizionale.

Accesso ai Mercati Globali L'imprenditoria digitale permette di raggiungere un pubblico globale senza dover avere una presenza fisica in ogni mercato. Piattaforme come Amazon, eBay, Etsy e Shopify offrono agli imprenditori la possibilità di vendere i loro prodotti a clienti in tutto il mondo. Questo non solo aumenta il potenziale di vendita, ma diversifica anche le fonti di reddito, rendendo il business meno vulnerabile alle fluttuazioni economiche locali.

Flessibilità e Autonomia

Uno dei maggiori vantaggi dell'imprenditoria digitale è la flessibilità. Gli imprenditori digitali possono lavorare da qualsiasi parte del mondo, purché abbiano accesso a internet. Questa libertà geografica si traduce in un miglior equilibrio tra vita privata e lavoro, permettendo di adattare il proprio orario lavorativo alle proprie esigenze personali.

Gestione del Tempo L'imprenditoria digitale consente di impostare i propri orari di lavoro. Questo può essere particolarmente vantaggioso per chi ha altre responsabilità, come prendersi cura della famiglia o perseguire altre passioni. La capacità di lavorare in modo asincrono con clienti e collaboratori in tutto il mondo significa che il business può operare 24/7 senza la necessità di una presenza fisica continua.

Innovazione e Creatività

Il mondo digitale è un terreno fertile per l'innovazione. Le tecnologie emergenti, come l'intelligenza artificiale, la blockchain e l'Internet delle Cose (IoT), offrono nuove opportunità per creare prodotti e servizi unici. Gli imprenditori digitali possono sperimentare e iterare rapidamente, adattando le loro offerte in risposta ai feedback dei clienti e alle tendenze del mercato.

Creazione di Valore L'imprenditoria digitale permette di creare valore in modi nuovi e innovativi. Ad esempio, i prodotti digitali come software, app, eBook e corsi online possono essere creati una volta e venduti ripetutamente senza costi di produzione aggiuntivi. Inoltre, i modelli di business basati su abbonamenti, come quelli offerti da piattaforme di streaming e software SaaS (Software as a Service), garantiscono un flusso di entrate ricorrenti e prevedibili.

Sostenibilità e Impatto Sociale

Le imprese digitali hanno spesso un impatto ambientale minore rispetto alle imprese tradizionali. L'assenza di una sede fisica riduce l'impronta di carbonio, e la digitalizzazione dei processi riduce l'uso di carta e altri materiali. Inoltre, l'imprenditoria digitale offre la possibilità di creare soluzioni innovative per problemi sociali ed ambientali, contribuendo a un mondo più sostenibile.

Empowerment delle Comunità Locali Molti imprenditori digitali scelgono di utilizzare le loro piattaforme per supportare cause sociali e ambientali. Ad esempio, possono destinare una parte dei loro profitti a progetti di sviluppo comunitario o creare prodotti che rispondano a bisogni specifici delle comunità locali. Questo non solo migliora la reputazione del brand, ma crea anche un senso di scopo e appartenenza tra i clienti.

Conclusione

L'importanza dell'imprenditoria digitale nel mondo moderno non può essere sottovalutata. Offrendo flessibilità, accesso a mercati globali, opportunità di innovazione e un potenziale impatto positivo su scala sociale e ambientale, l'imprenditoria digitale rappresenta una delle migliori vie per costruire un futuro lavorativo prospero e soddisfacente. Questo libro ti guiderà attraverso le fasi necessarie per diventare un imprenditore digitale di successo, aiutandoti a trasformare le tue idee in realtà concrete e remunerative.

Capitolo 1: Capire il Mercato Digitale

Analisi del Mercato

L'analisi del mercato è una fase cruciale per qualsiasi imprenditore, ma diventa ancora più importante nel contesto digitale dove i cambiamenti sono rapidi e le dinamiche possono variare significativamente in breve tempo. Questo sottocapitolo fornirà una guida dettagliata su come condurre un'analisi del mercato digitale, identificare le opportunità e comprendere le esigenze del pubblico target.

Perché l'Analisi del Mercato è Importante?

L'analisi del mercato permette di:

- **Identificare le Opportunità**: Comprendere quali settori stanno crescendo e dove c'è domanda non soddisfatta.
- **Valutare la Concorrenza**: Analizzare chi sono i principali concorrenti e quali strategie stanno utilizzando.
- **Definire il Pubblico Target**: Conoscere meglio i potenziali clienti, le loro preferenze e comportamenti di acquisto.
- **Ridurre i Rischi**: Prendere decisioni informate basate su dati concreti, riducendo il rischio di lanciare prodotti che non trovano mercato.

Passaggi per l'Analisi del Mercato Digitale

1. Ricerca di Mercato Primaria

- o **Sondaggi e Questionari**: Creare sondaggi per raccogliere informazioni direttamente dal pubblico target. Utilizzare piattaforme come Google Forms, SurveyMonkey o Typeform.
- o **Interviste e Focus Group**: Condurre interviste dettagliate con potenziali clienti o organizzare focus group per ottenere feedback più approfonditi.

2. Ricerca di Mercato Secondaria

- o **Rapporti di Settore**: Consultare rapporti di settore e studi di mercato disponibili online attraverso fonti come Statista, Nielsen, e altre ricerche di mercato.
- o **Analisi dei Competitors**: Studiare i principali concorrenti, analizzando i loro prodotti, strategie di marketing, recensioni dei clienti e presenza sui social media.

3. Analisi dei Dati Digitali

- o **Google Trends**: Utilizzare Google Trends per analizzare le tendenze di ricerca e capire quali termini e argomenti stanno guadagnando popolarità.
- o **Strumenti di SEO**: Utilizzare strumenti di SEO come Ahrefs, SEMrush o Moz per identificare le parole chiave più ricercate e analizzare la concorrenza.

4. **Utilizzo dei Social Media**

- o **Monitoraggio dei Social Media**: Utilizzare strumenti come Hootsuite, Sprout Social o Brandwatch per monitorare le conversazioni sui social media e identificare le tendenze emergenti.
- o **Gruppi e Comunità**: Partecipare a gruppi e comunità online (come gruppi Facebook, forum di Reddit, ecc.) per interagire direttamente con il pubblico target e ottenere feedback in tempo reale.

Identificare le Opportunità di Mercato

Dopo aver raccolto e analizzato i dati, è fondamentale identificare le opportunità di mercato che offrono il maggiore potenziale. Questo può includere:

- **Niche di Mercato**: Settori o segmenti di mercato specifici dove c'è una domanda significativa ma poca offerta.
- **Tendenze Emergenti**: Prodotti o servizi che stanno guadagnando popolarità e che potrebbero rappresentare un'opportunità di investimento.
- **Problemi Non Risolti**: Identificare problemi comuni che i consumatori affrontano e che non sono ancora stati risolti in modo efficace dai prodotti esistenti.

Definire il Pubblico Target

Una volta identificate le opportunità di mercato, il prossimo passo è definire chiaramente il pubblico target. Questo include:

- **Demografia**: Età, sesso, reddito, istruzione, stato civile, ecc.
- **Psicografia**: Interessi, valori, stile di vita, personalità.
- **Comportamento di Acquisto**: Abitudini di acquisto, canali preferiti, frequenza degli acquisti.

- **Bisogni e Desideri**: Quali sono le principali esigenze e desideri del pubblico target e come il tuo prodotto può soddisfarli.

Strumenti e Risorse per l'Analisi del Mercato

Esistono numerosi strumenti e risorse che possono facilitare l'analisi del mercato:

- **Google Analytics**: Per monitorare il traffico del sito web e capire il comportamento degli utenti.
- **BuzzSumo**: Per analizzare i contenuti più condivisi e capire quali argomenti sono di tendenza.
- **SimilarWeb**: Per analizzare le performance dei siti web dei competitor.
- **Canva**: Per creare visualizzazioni di dati accattivanti e facilmente comprensibili.

Conclusione

L'analisi del mercato è un processo continuo che richiede attenzione e adattabilità. Nel mercato digitale, dove le tendenze cambiano rapidamente, è fondamentale rimanere aggiornati e pronti a modificare le strategie basate su nuovi dati e feedback. Utilizzando le tecniche e gli strumenti descritti in questo capitolo, sarai in grado di identificare opportunità di mercato redditizie e costruire un business digitale solido e di successo.

Identificazione del Pubblico Target

L'identificazione del pubblico target è una delle fasi più critiche nello sviluppo di qualsiasi business, soprattutto in ambito digitale. Conoscere esattamente chi sono i tuoi potenziali clienti, quali sono le loro esigenze, i loro comportamenti e le loro preferenze ti permette di creare prodotti e campagne di marketing che risuonino con loro, aumentando le probabilità di successo del tuo business.

Perché è Importante Definire il Pubblico Target?

Conoscere il pubblico target offre numerosi vantaggi:

- **Efficienza nelle Risorse**: Con un target ben definito, puoi allocare risorse di marketing in modo più efficiente, evitando di spendere denaro per raggiungere persone che non sono interessate al tuo prodotto.
- **Messaggi Più Efficaci**: Sapendo chi è il tuo pubblico, puoi creare messaggi di marketing personalizzati e rilevanti che catturano l'attenzione e generano conversioni.
- **Sviluppo di Prodotti Migliori**: Conoscere le esigenze e i desideri del tuo pubblico ti permette di sviluppare prodotti che rispondano esattamente a ciò che stanno cercando, aumentando la soddisfazione e la fedeltà del cliente.

Passaggi per Identificare il Pubblico Target

1. **Raccolta di Dati Demografici**

   - **Età**: Determina l'età media del tuo pubblico. Ad esempio, se vendi prodotti di bellezza, il tuo target potrebbe essere composto principalmente da donne tra i 18 e i 35 anni.
   - **Genere**: Identifica se il tuo prodotto è più adatto a uomini, donne o entrambi.

o **Reddito**: Capisci quale fascia di reddito può permettersi il tuo prodotto.

o **Istruzione e Occupazione**: Sapere il livello di istruzione e la tipologia di occupazione può aiutarti a capire meglio i tuoi clienti.

2. **Analisi Psicografica**

o **Interessi e Hobby**: Identifica cosa interessa al tuo pubblico e quali sono i loro hobby. Ad esempio, se vendi attrezzature per il fitness, il tuo pubblico potrebbe essere appassionato di sport e salute.

o **Valori e Credenze**: Conoscere i valori del tuo pubblico ti aiuta a creare un brand che risuona con loro a livello più profondo.

o **Stile di Vita**: Capire il tipo di vita che il tuo pubblico conduce può informare il modo in cui promuovi il tuo prodotto.

3. **Comportamenti di Acquisto**

o **Canali Preferiti**: Scopri attraverso quali canali (social media, email, negozi online) il tuo pubblico preferisce ricevere informazioni e fare acquisti.

o **Motivazioni all'Acquisto**: Capisci cosa motiva il tuo pubblico ad acquistare. È il prezzo, la qualità, la convenienza, o l'unicità del prodotto?

o **Abitudini di Acquisto**: Analizza quando e come il tuo pubblico tende a fare acquisti. Ad esempio, acquistano di più durante i saldi o sono influenzati dalle recensioni online?

Strumenti per Identificare il Pubblico Target

Esistono vari strumenti che possono aiutarti a raccogliere dati e definire il tuo pubblico target:

- **Google Analytics**: Offre dati dettagliati sui visitatori del tuo sito web, tra cui età, genere, interessi e comportamento di navigazione.
- **Facebook Audience Insights**: Fornisce dati approfonditi sugli utenti di Facebook, permettendoti di capire meglio il tuo pubblico target.
- **SurveyMonkey**: Puoi creare sondaggi personalizzati per raccogliere informazioni direttamente dal tuo pubblico.
- **SEMrush**: Utilizza questo strumento per analizzare i dati demografici dei visitatori dei siti web dei tuoi concorrenti.

Creare Persona del Cliente

Una volta raccolti i dati, il prossimo passo è creare delle persona del cliente. Una persona è un profilo semi-fittizio del tuo cliente ideale basato sui dati raccolti. Ecco come puoi creare una persona:

1. **Dai un Nome e un Volto alla Persona**: Questo rende la persona più reale e ti aiuta a visualizzare meglio il tuo cliente ideale.
2. **Dettagli Demografici**: Includi età, genere, reddito, livello di istruzione e occupazione.
3. **Interessi e Comportamenti**: Descrivi i loro interessi, hobby e comportamenti di acquisto.
4. **Obiettivi e Sfide**: Elenca gli obiettivi che cercano di raggiungere e le sfide che affrontano, che il tuo prodotto può aiutare a risolvere.
5. **Messaggio Chiave**: Determina quale messaggio risuonerà maggiormente con questa persona e come puoi posizionare il tuo prodotto per rispondere alle loro esigenze.

Esempio di Persona del Cliente

Nome: Anna Rossi
Età: 28 anni
Genere: Femminile
Reddito: €35,000 annui
Occupazione: Marketing Manager
Interessi: Fitness, viaggi, cucina salutare
Comportamenti di Acquisto: Preferisce fare acquisti online, soprattutto su Amazon e siti di e-commerce specializzati. È influenzata dalle recensioni dei prodotti e dai consigli sui social media.
Obiettivi: Mantenersi in forma e trovare soluzioni rapide e convenienti per una dieta sana.
Sfide: Tempo limitato per la preparazione dei pasti e la ricerca di prodotti di qualità.
Messaggio Chiave: "Prodotti sani e convenienti che si adattano al tuo stile di vita attivo e impegnato."

Conclusione

Definire chiaramente il tuo pubblico target è un passaggio fondamentale per il successo di qualsiasi business digitale. Con una comprensione approfondita di chi sono i tuoi clienti ideali, puoi creare prodotti che rispondono alle loro esigenze, sviluppare messaggi di marketing efficaci e migliorare continuamente la tua offerta in base ai feedback ricevuti. Utilizza i dati e gli strumenti a tua disposizione per costruire una solida base di conoscenze sul tuo pubblico e per creare un business digitale che risuona veramente con le persone che desideri servire.

Tendenze e Nuove Opportunità

Il mercato digitale è in continua evoluzione e, per rimanere competitivi, è essenziale tenere il passo con le tendenze emergenti e identificare nuove opportunità. Questo capitolo esplora le principali tendenze del mercato digitale e offre consigli su come sfruttarle per avviare o espandere il tuo business.

Tendenze Emergenti nel Mercato Digitale

1. E-commerce Mobile

o Con l'aumento dell'uso di smartphone, sempre più persone fanno acquisti online tramite dispositivi mobili. Secondo le statistiche, le vendite tramite dispositivi mobili rappresentano una quota crescente del totale delle vendite online.

o **Opportunità**: Ottimizzare il tuo sito web per il mobile, sviluppare app di shopping dedicate, e implementare funzionalità come il pagamento mobile e le notifiche push per promozioni.

2. Intelligenza Artificiale e Machine Learning

o L'intelligenza artificiale (IA) e il machine learning stanno rivoluzionando il modo in cui le aziende operano e interagiscono con i clienti. Applicazioni comuni includono chatbot, assistenti virtuali, analisi predittiva e personalizzazione dei contenuti.

o **Opportunità**: Integrare chatbot per migliorare il servizio clienti, utilizzare algoritmi di raccomandazione per suggerire prodotti ai clienti, e impiegare l'analisi predittiva per ottimizzare le campagne di marketing.

3. Marketing Influencer

o Collaborare con influencer può aumentare notevolmente la visibilità del tuo brand e raggiungere nuovi segmenti di mercato. Gli influencer possono creare contenuti autentici che risuonano con il loro pubblico.

o **Opportunità**: Identificare influencer rilevanti nel tuo settore e sviluppare partnership strategiche, offrendo loro prodotti gratuiti o compensi per promuovere i tuoi prodotti.

4. Video Marketing

o Il contenuto video sta diventando uno degli strumenti di marketing più efficaci. Piattaforme come YouTube, TikTok, e Instagram Stories offrono opportunità per creare contenuti coinvolgenti.

o **Opportunità**: Creare tutorial, dimostrazioni di prodotto, testimonianze dei clienti, e contenuti dietro le quinte. Investire in pubblicità video su piattaforme popolari.

5. Sostenibilità e Consumo Etico

o I consumatori sono sempre più attenti all'impatto ambientale e sociale delle loro scelte di acquisto. La sostenibilità sta diventando un fattore decisivo nelle decisioni di acquisto.

o **Opportunità**: Offrire prodotti eco-friendly, trasparenza nelle pratiche aziendali, e comunicare chiaramente i tuoi sforzi di sostenibilità. Creare campagne che sensibilizzano sui temi della sostenibilità.

6. Commercio Social

- o Le piattaforme di social media stanno diventando veri e propri canali di vendita. Funzionalità come Instagram Shopping e Facebook Marketplace permettono di acquistare prodotti direttamente dalle piattaforme social.
- o **Opportunità**: Implementare funzionalità di shopping sui tuoi profili social, creare post acquistabili e utilizzare annunci mirati per raggiungere potenziali clienti.

Identificare Nuove Opportunità di Mercato

Per identificare nuove opportunità di mercato, è fondamentale mantenersi aggiornati e analizzare costantemente l'ambiente esterno. Ecco alcuni approcci per scoprire nuove opportunità:

1. Analisi delle Tendenze

- o **Strumenti Utili**: Utilizzare Google Trends per monitorare le tendenze di ricerca, seguire blog di settore, partecipare a webinar e conferenze per rimanere aggiornati sulle novità.
- o **Monitoraggio dei Competitor**: Analizzare le strategie dei concorrenti e identificare eventuali lacune nel mercato che possono essere sfruttate.

2. Feedback dei Clienti

- o **Sondaggi e Interviste**: Condurre sondaggi e interviste per capire meglio le esigenze e i desideri dei tuoi clienti.
- o **Recensioni e Commenti**: Analizzare le recensioni dei prodotti e i commenti sui social media per raccogliere feedback diretto.

3. Innovazione e Sperimentazione

- o **Test di Mercato**: Lanciare prodotti in fase beta o test di mercato limitati per valutare la risposta dei consumatori.
- o **Prototipazione Rapida**: Utilizzare la prototipazione rapida per sviluppare e testare nuove idee di prodotto in tempi brevi.

4. Collaborazioni Strategiche

- o **Partnership**: Stabilire partnership con altre aziende per creare offerte congiunte o accedere a nuovi mercati.
- o **Co-creazione**: Coinvolgere i clienti nel processo di sviluppo del prodotto per assicurarsi che i nuovi prodotti rispondano esattamente alle loro esigenze.

Case Study: Successo grazie alle Tendenze

Un esempio di successo nell'identificazione e sfruttamento delle tendenze è l'azienda **XYZ Fitness**, che ha combinato e-commerce mobile e video marketing. Hanno sviluppato un'app mobile che offre allenamenti personalizzati e vendono attrezzature fitness direttamente tramite l'app. Inoltre, creano contenuti video settimanali su YouTube e Instagram, offrendo consigli di fitness e dimostrazioni di prodotti. Questo approccio ha permesso loro di costruire una base di clienti fedele e aumentare significativamente le vendite.

Conclusione

Rimanere al passo con le tendenze e identificare nuove opportunità è essenziale per il successo nel mercato digitale. Analizzare costantemente il mercato, ascoltare i feedback dei clienti e sperimentare nuove idee ti permetterà di mantenere il tuo business rilevante e competitivo. Sfruttando le tendenze emergenti e adattando le tue strategie in base alle nuove opportunità, potrai costruire un business digitale prospero e sostenibile.

Capitolo 2: Sviluppare l'Idea del Prodotto

Brainstorming e Generazione di Idee

La fase di brainstorming e generazione di idee è cruciale per lo sviluppo di un prodotto di successo. Questo processo creativo ti permette di esplorare diverse possibilità, identificare potenziali soluzioni innovative e selezionare le idee più promettenti per il tuo business digitale. In questo sottocapitolo, esploreremo tecniche efficaci di brainstorming, come valutare le idee e consigli pratici per trasformarle in progetti concreti.

Tecniche di Brainstorming

1. **Brainstorming Tradizionale**

   o **Descrizione**: Una tecnica in cui un gruppo di persone si riunisce per generare idee liberamente senza giudizio immediato.

   o **Vantaggi**: Stimola la creatività collettiva, permette di raccogliere una vasta gamma di idee in poco tempo.

   o **Esempio**: Organizza una sessione di brainstorming con il tuo team, definendo un obiettivo chiaro e incoraggiando ogni membro a contribuire con le proprie idee.

2. **Mind Mapping**

   o **Descrizione**: Una tecnica visiva che consente di organizzare le idee in una mappa concettuale, collegando i vari concetti.

o **Vantaggi**: Aiuta a visualizzare le connessioni tra le idee, favorendo un approccio sistematico alla generazione di idee.

o **Esempio**: Usa strumenti come MindMeister o XMind per creare mappe mentali che collegano concetti chiave e sottocategorie.

3. SCAMPER

o **Descrizione**: Un metodo che utilizza una serie di domande per stimolare la creatività: Substitute (Sostituisci), Combine (Combina), Adapt (Adatta), Modify (Modifica), Put to another use (Utilizza diversamente), Eliminate (Elimina), Reverse (Inversione).

o **Vantaggi**: Fornisce un framework strutturato per esplorare nuove possibilità e migliorare le idee esistenti.

o **Esempio**: Applica il metodo SCAMPER a un prodotto esistente per vedere come può essere migliorato o trasformato.

4. Brainwriting

o **Descrizione**: Un'alternativa al brainstorming tradizionale in cui i partecipanti scrivono le loro idee su carta, che poi vengono passate ad altri partecipanti per ulteriori contributi.

o **Vantaggi**: Riduce la pressione di dover parlare in pubblico, permette una riflessione più approfondita.

o **Esempio**: Durante una riunione, chiedi ai partecipanti di scrivere le loro idee su foglietti di carta. Dopo un determinato tempo, scambiate i foglietti e aggiungete nuovi spunti alle idee degli altri.

5. Six Thinking Hats

- o **Descrizione**: Una tecnica che utilizza sei "cappelli" metaforici per esaminare un problema da diverse prospettive: Logica (bianco), Emozioni (rosso), Cautela (nero), Ottimismo (giallo), Creatività (verde), Processo (blu).
- o **Vantaggi**: Incoraggia un'analisi approfondita e bilanciata delle idee, considerando vari aspetti.
- o **Esempio**: Assegna ogni cappello a un membro del team o cambia "cappello" periodicamente durante la sessione di brainstorming per esaminare l'idea da tutte le angolazioni.

Valutazione delle Idee

Una volta generate numerose idee, il prossimo passo è valutarle per selezionare quelle più promettenti. Ecco alcuni criteri per valutare le idee:

1. Fattibilità

- o **Descrizione**: Valuta se l'idea è tecnicamente e finanziariamente realizzabile con le risorse attualmente disponibili.
- o **Esempio**: Chiediti se hai le competenze tecniche e il budget necessari per sviluppare il prodotto.

2. Scalabilità

- o **Descrizione**: Considera se l'idea può crescere e adattarsi a un mercato più ampio nel tempo.
- o **Esempio**: Valuta se l'idea può essere espansa in nuovi mercati o adattata a diversi segmenti di clientela.

3. **Domanda di Mercato**

   o **Descrizione**: Analizza se esiste una domanda sufficiente per il prodotto nel mercato target.
   o **Esempio**: Conduci ricerche di mercato preliminari per verificare l'interesse dei potenziali clienti.

4. **Competitività**

   o **Descrizione**: Valuta quanto è competitiva l'idea rispetto ai prodotti già esistenti.
   o **Esempio**: Fai un'analisi della concorrenza per vedere se il tuo prodotto offre qualcosa di unico o superiore.

5. **Impatto Potenziale**

   o **Descrizione**: Considera il potenziale impatto dell'idea sul tuo business e sulla vita dei clienti.
   o **Esempio**: Pensa a come il prodotto può risolvere problemi significativi o migliorare l'esperienza dei clienti.

Trasformare le Idee in Progetti Concreti

Dopo aver selezionato le idee più promettenti, è il momento di trasformarle in progetti concreti. Ecco alcuni passaggi pratici:

1. **Sviluppo del Prototipo**

   o **Descrizione**: Crea un prototipo del prodotto per testare le sue funzionalità e raccogliere feedback iniziale.
   o **Strumenti**: Usa strumenti come Sketch, Figma o Adobe XD per prototipi digitali; piattaforme di stampa 3D per prototipi fisici.

2. **Test del Prototipo**

- o **Descrizione**: Conduci test con un gruppo ristretto di utenti per ottenere feedback sul prototipo.
- o **Esempio**: Invita i potenziali clienti a provare il prototipo e raccogli i loro commenti e suggerimenti.

3. **Iterazione e Miglioramento**

- o **Descrizione**: Usa il feedback raccolto per migliorare il prototipo, iterando il processo fino a raggiungere una versione soddisfacente.
- o **Esempio**: Modifica il design, aggiungi o rimuovi funzionalità in base al feedback ricevuto.

4. **Pianificazione del Lancio**

- o **Descrizione**: Crea un piano dettagliato per il lancio del prodotto, definendo obiettivi, tempistiche e strategie di marketing.
- o **Esempio**: Stabilisci una data di lancio, pianifica campagne di marketing e preparati per il rilascio del prodotto sul mercato.

Conclusione

Il brainstorming e la generazione di idee sono fasi fondamentali nello sviluppo di un prodotto digitale. Utilizzando tecniche creative e valutando attentamente le idee generate, puoi identificare le opportunità più promettenti e trasformarle in progetti concreti. Ricorda che il processo creativo è iterativo: non aver paura di sperimentare, raccogliere feedback e migliorare continuamente le tue idee. Con un approccio strutturato e una mentalità aperta, potrai sviluppare prodotti innovativi che rispondono alle esigenze del mercato e portano il tuo business al successo.

Validazione dell'Idea

Una volta generata un'idea promettente, il passo successivo è validarla. La validazione dell'idea è un processo fondamentale che ti consente di verificare se il tuo concetto ha potenziale sul mercato prima di investire risorse significative. Questo capitolo fornirà una guida dettagliata su come condurre una validazione efficace dell'idea, utilizzando strumenti e metodologie che riducono i rischi e aumentano le probabilità di successo.

Perché la Validazione dell'Idea è Importante?

La validazione dell'idea è cruciale per vari motivi:

- **Riduzione del Rischio**: Evita di investire tempo e denaro in un'idea che potrebbe non avere mercato.
- **Feedback Precoce**: Ottieni feedback diretto dai potenziali clienti, che può guidare lo sviluppo del prodotto.
- **Prove di Mercato**: Conferma che esiste una domanda reale per il tuo prodotto o servizio.
- **Ottimizzazione delle Risorse**: Focalizza le risorse su idee che hanno il maggiore potenziale di successo.

Passaggi per la Validazione dell'Idea

1. **Ricerca di Mercato**

   o **Analisi Competitiva**: Studia i concorrenti che offrono prodotti simili. Analizza i loro punti di forza e debolezza, le recensioni dei clienti e le loro strategie di marketing.
   o **Trend di Mercato**: Utilizza strumenti come Google Trends per capire se il tuo prodotto risponde a una tendenza crescente.

2. Interviste ai Clienti

o **Descrizione**: Parla direttamente con i potenziali clienti per ottenere una comprensione profonda delle loro esigenze e delle loro reazioni all'idea del prodotto.

o **Esempio**: Conduci interviste strutturate o semi-strutturate con un campione rappresentativo del tuo pubblico target. Chiedi loro quali problemi affrontano e come valuterebbero la tua soluzione.

3. Sondaggi e Questionari

o **Descrizione**: Raccogli dati quantitativi utilizzando sondaggi online.

o **Strumenti**: Usa piattaforme come SurveyMonkey, Google Forms o Typeform per creare e distribuire i sondaggi.

o **Esempio**: Includi domande chiave riguardanti l'interesse per il prodotto, la disponibilità a pagare e le funzionalità desiderate.

4. MVP (Minimum Viable Product)

o **Descrizione**: Crea una versione semplificata del tuo prodotto con le funzionalità essenziali per testare l'idea sul mercato.

o **Esempio**: Se stai sviluppando un'app, crea un prototipo con le funzioni base e rilascialo a un gruppo di test. Se il feedback è positivo, puoi continuare a sviluppare le funzionalità aggiuntive.

5. Landing Page di Pre-Lancio

o **Descrizione**: Crea una landing page che descriva il tuo prodotto e inviti i visitatori a registrarsi per ricevere aggiornamenti o preordinare il prodotto.

o **Strumenti**: Usa strumenti come Leadpages, Unbounce o WordPress per creare la pagina.

o   **Esempio**: Monitora il traffico verso la landing page
e il numero di iscrizioni per valutare l'interesse del
pubblico.

6.   **Campagne di Crowdfunding**

o   **Descrizione**: Lancia una campagna su piattaforme
come Kickstarter o Indiegogo per raccogliere fondi
e testare l'interesse del mercato.

o   **Esempio**: Presenta il tuo prodotto con un video
coinvolgente e offerte di pre-ordine. Il successo
della campagna fornirà una valida indicazione del
potenziale di mercato.

Strumenti e Metodologie di Validazione

1.   **Lean Startup Methodology**

o   **Descrizione**: Un approccio iterativo che promuove
il lancio rapido di un MVP, il test continuo e
l'adattamento basato sui feedback degli utenti.

o   **Esempio**: Applica il ciclo Build-Measure-Learn per
sviluppare rapidamente versioni migliorate del
prodotto in risposta ai feedback.

2.   **Customer Development**

o   **Descrizione**: Un processo per comprendere meglio i
clienti e costruire prodotti che rispondano
esattamente ai loro bisogni.

o   **Esempio**: Conduci interviste in profondità per
scoprire i problemi reali dei clienti e adatta il
prodotto di conseguenza.

3. A/B Testing

- o **Descrizione**: Un metodo per confrontare due versioni di un elemento (come una landing page o un'email) per vedere quale performa meglio.
- o **Strumenti**: Usa strumenti come Optimizely, Google Optimize o VWO.
- o **Esempio**: Testa due diverse headline su una landing page per vedere quale attira più iscrizioni.

Case Study: Validazione di un'Idea di Successo

Esempio: Dropbox Dropbox ha iniziato con un MVP estremamente semplice: un video che mostrava come funzionava il servizio. Il video ha generato un'enorme quantità di feedback e iscrizioni alla lista d'attesa, confermando l'interesse del mercato. Questo ha permesso a Dropbox di sviluppare il prodotto con la certezza che ci fosse una domanda reale.

Consigli Pratici per la Validazione

1. Mantieni il Processo Snello

- o Non complicare troppo la fase di validazione. Concentrati sugli elementi essenziali che ti permetteranno di capire se l'idea ha potenziale.

2. Rimani Aperto ai Feedback

- o Ascolta attentamente il feedback dei clienti e sii pronto a pivotare o adattare la tua idea in base a ciò che impari.

3. **Utilizza Canali Multipli**

   o   Combina diverse metodologie di validazione
       (sondaggi, interviste, landing page, ecc.) per
       ottenere una visione completa del potenziale del tuo
       prodotto.

4. **Misura e Analizza i Risultati**

   o   Raccogli dati in modo sistematico e utilizza
       strumenti analitici per interpretare i risultati in
       modo accurato.

Conclusione

La validazione dell'idea è un passaggio fondamentale che può fare
la differenza tra il successo e il fallimento di un prodotto.
Utilizzando le tecniche e gli strumenti descritti in questo capitolo,
puoi assicurarti di sviluppare un prodotto che risponde realmente
alle esigenze del mercato, minimizzando i rischi e massimizzando
le possibilità di successo. Ricorda che la validazione è un processo
continuo: anche dopo il lancio, continua a raccogliere feedback e
ad adattare il tuo prodotto per rimanere rilevante e competitivo.

Progettazione del Prodotto

La progettazione del prodotto è una fase cruciale nello sviluppo di
un'idea in un'offerta concreta e utilizzabile. In questa fase, l'idea
prende forma e si trasforma in un prodotto finito che può essere
lanciato sul mercato. Questo capitolo esplorerà i passaggi
fondamentali per la progettazione del prodotto, includendo la
definizione delle specifiche, la creazione di prototipi, il test e la
revisione continua.

Definire le Specifiche del Prodotto

Prima di iniziare la progettazione fisica o digitale del prodotto, è essenziale definire chiaramente le sue specifiche. Questo include:

1. Caratteristiche e Funzionalità

o **Descrizione**: Elenca tutte le caratteristiche e le funzionalità che il prodotto deve avere per soddisfare le esigenze dei clienti.

o **Esempio**: Per un'app di fitness, le caratteristiche potrebbero includere il monitoraggio degli allenamenti, suggerimenti nutrizionali, e una community di supporto.

2. Requisiti Tecnici

o **Descrizione**: Specifica i requisiti tecnici necessari per lo sviluppo del prodotto, come le piattaforme su cui sarà disponibile, i linguaggi di programmazione utilizzati, e le integrazioni con altri sistemi.

o **Esempio**: Un'app mobile potrebbe necessitare di compatibilità con iOS e Android, utilizzo di React Native, e integrazione con API di terze parti per il tracciamento delle attività.

3. Esperienza Utente (UX) e Design dell'Interfaccia (UI)

o **Descrizione**: Pianifica l'esperienza dell'utente e il design dell'interfaccia, assicurandoti che il prodotto sia facile da usare e visivamente attraente.

o **Esempio**: Creare wireframe e mockup che mostrano il flusso dell'app e l'aspetto visivo di ogni schermata.

Creazione di Prototipi

La prototipazione è una fase iterativa che consente di visualizzare e testare il prodotto prima di finalizzarlo. Ecco come procedere:

1. **Wireframe e Mockup**

   o **Descrizione**: I wireframe sono rappresentazioni schematiche del layout del prodotto, mentre i mockup aggiungono dettagli visivi e stilistici.
   o **Strumenti**: Utilizza strumenti come Sketch, Adobe XD, Figma o Balsamiq.
   o **Esempio**: Creare un wireframe per l'app di fitness che mostri la schermata principale, le pagine dei dettagli degli allenamenti e la sezione della community.

2. **Prototipo Interattivo**

   o **Descrizione**: Un prototipo interattivo simula l'uso del prodotto e consente agli utenti di navigare tra le schermate come se fosse il prodotto finale.
   o **Strumenti**: Utilizza strumenti come InVision, Marvel App o Figma per creare prototipi interattivi.
   o **Esempio**: Creare un prototipo interattivo dell'app di fitness che permetta agli utenti di simulare la registrazione degli allenamenti e l'accesso ai suggerimenti nutrizionali.

3. **Prototipo Fisico**

   o **Descrizione**: Se il prodotto è fisico, crea modelli tridimensionali utilizzando materiali come cartone, plastica o tecniche di stampa 3D.
   o **Strumenti**: Utilizza strumenti di modellazione 3D come Tinkercad, Blender o software CAD.

- o **Esempio**: Creare un prototipo fisico di un dispositivo wearable per il fitness, utilizzando una stampante 3D per testare il design e la vestibilità.

Test del Prototipo

Dopo aver creato il prototipo, è fondamentale testarlo con utenti reali per raccogliere feedback e identificare eventuali problemi. Ecco come:

1. **Test di Usabilità**

   - o **Descrizione**: Valuta quanto è facile e intuitivo usare il prodotto.
   - o **Esempio**: Organizza sessioni di test di usabilità in cui gli utenti tentano di completare compiti specifici usando il prototipo dell'app di fitness.

2. **Raccolta di Feedback**

   - o **Descrizione**: Raccogli feedback dagli utenti riguardo alla loro esperienza, alle funzionalità del prodotto e ai problemi riscontrati.
   - o **Esempio**: Usa sondaggi, interviste e sessioni di feedback per raccogliere opinioni dettagliate dai tester dell'app.

3. **Iterazione**

   - o **Descrizione**: Usa il feedback raccolto per migliorare il prototipo. Questo processo può richiedere diverse iterazioni fino a raggiungere una versione soddisfacente.
   - o **Esempio**: Apporta modifiche al design dell'app in base al feedback degli utenti, migliorando la navigazione e aggiungendo funzionalità richieste.

Documentazione del Prodotto

Una documentazione dettagliata è essenziale per la fase di sviluppo e per la comunicazione con il team. Questa dovrebbe includere:

1. **Specifiche Tecniche**

    o   **Descrizione**: Documenta tutte le specifiche tecniche e i requisiti del prodotto.
    o   **Esempio**: Un documento che descrive le piattaforme supportate, i linguaggi di programmazione utilizzati, e le API integrate.

2. **Flusso del Prodotto**

    o   **Descrizione**: Descrivi il flusso dell'utente attraverso il prodotto, inclusi i passaggi necessari per completare le principali azioni.
    o   **Esempio**: Un diagramma che mostra il percorso dell'utente dall'iscrizione all'uso delle varie funzionalità dell'app.

3. **Manuale Utente**

    o   **Descrizione**: Crea un manuale utente che fornisca istruzioni chiare su come utilizzare il prodotto.
    o   **Esempio**: Un manuale che descrive come registrare un allenamento, accedere ai suggerimenti nutrizionali e partecipare alla community nell'app di fitness.

Implementazione e Lancio

Dopo la fase di progettazione e test, il prossimo passo è l'implementazione del prodotto. Ecco alcuni consigli:

1. **Pianificazione del Lancio**

   o **Descrizione**: Crea una roadmap dettagliata per il lancio del prodotto, includendo tempistiche e milestones.

   o **Esempio**: Stabilire una timeline che include il beta testing, il lancio soft e il lancio ufficiale dell'app.

2. **Marketing di Lancio**

   o **Descrizione**: Sviluppa una strategia di marketing per creare attesa e interesse intorno al lancio del prodotto.

   o **Esempio**: Pianifica campagne sui social media, email marketing, e collaborazioni con influencer nel settore del fitness.

3. **Monitoraggio e Supporto Post-Lancio**

   o **Descrizione**: Monitora le prestazioni del prodotto dopo il lancio e fornisci supporto continuo ai clienti.

   o **Esempio**: Usa strumenti di analisi per monitorare l'uso dell'app e rispondere rapidamente ai feedback dei clienti.

Conclusione

La progettazione del prodotto è un processo dettagliato che richiede una pianificazione accurata e un'attenzione costante ai dettagli. Definendo chiaramente le specifiche, creando prototipi, testando rigorosamente e documentando accuratamente il prodotto, puoi sviluppare un'offerta che risponde alle esigenze del mercato e soddisfa i tuoi clienti. Ricorda che la progettazione è un processo iterativo: continua a raccogliere feedback e a migliorare il prodotto anche dopo il lancio per garantire il suo successo a lungo termine.

Capitolo 3: Creare il Prodotto

Strumenti e Risorse

La creazione di un prodotto digitale richiede l'utilizzo di una serie di strumenti e risorse che possono facilitare il processo e migliorare la qualità del risultato finale. In questo sottocapitolo, esploreremo una varietà di strumenti disponibili per la progettazione, lo sviluppo e la gestione del prodotto, e discuteremo le risorse essenziali per sostenere il processo creativo.

Strumenti di Progettazione

1. **Sketch**

   o **Descrizione**: Uno strumento di design vettoriale utilizzato per la progettazione di interfacce utente e esperienze utente.
   o **Funzionalità**: Offre un'ampia gamma di funzionalità per la creazione di wireframe, prototipi e design completi.
   o **Esempio**: Utilizzato per progettare l'interfaccia di un'app mobile, inclusi layout delle schermate e componenti UI.

2. **Figma**

   o **Descrizione**: Una piattaforma di design collaborativa basata su cloud.
   o **Funzionalità**: Permette a più designer di lavorare contemporaneamente su un progetto, con funzionalità di prototipazione interattiva.
   o **Esempio**: Ideale per team di design che necessitano di collaborare in tempo reale sulla creazione di interfacce utente.

3. **Adobe XD**

   o **Descrizione**: Uno strumento di design e prototipazione UX/UI.
   o **Funzionalità**: Offre funzionalità di design, prototipazione e condivisione di feedback.
   o **Esempio**: Utilizzato per creare prototipi interattivi di siti web e app mobili, consentendo test di usabilità.

4. **InVision**

   o **Descrizione**: Una piattaforma di prototipazione e collaborazione.
   o **Funzionalità**: Consente di trasformare i design statici in prototipi interattivi e di raccogliere feedback dai team e dai clienti.
   o **Esempio**: Utilizzato per testare e perfezionare il flusso di navigazione di un'app prima del lancio.

Strumenti di Sviluppo

1. **Visual Studio Code**

   o **Descrizione**: Un editor di codice sorgente gratuito e open source sviluppato da Microsoft.
   o **Funzionalità**: Supporta una vasta gamma di linguaggi di programmazione e ha numerosi plugin per l'integrazione con strumenti di sviluppo.
   o **Esempio**: Utilizzato per scrivere e modificare il codice sorgente di un'applicazione web.

2. **GitHub**

   o **Descrizione**: Una piattaforma di hosting per il controllo della versione e la collaborazione.
   o **Funzionalità**: Consente di gestire repository di codice, collaborare con altri sviluppatori e implementare il controllo delle versioni con Git.

o **Esempio**: Utilizzato per collaborare su progetti di sviluppo software e mantenere il codice organizzato.

3. **React Native**

   o **Descrizione**: Un framework per lo sviluppo di applicazioni mobili cross-platform utilizzando JavaScript.
   o **Funzionalità**: Permette di creare app per iOS e Android con una singola base di codice.
   o **Esempio**: Utilizzato per sviluppare un'app mobile di fitness che funziona su entrambe le piattaforme principali.

4. **Firebase**

   o **Descrizione**: Una piattaforma di sviluppo di app mobile e web offerta da Google.
   o **Funzionalità**: Offre backend-as-a-service, database in tempo reale, autenticazione, hosting e molto altro.
   o **Esempio**: Utilizzato per gestire l'autenticazione degli utenti, il database e le notifiche push per un'app mobile.

Risorse di Formazione e Sostegno

1. **Coursera**

   o **Descrizione**: Una piattaforma di e-learning che offre corsi online in collaborazione con università e aziende leader.
   o **Funzionalità**: Offre corsi su una vasta gamma di argomenti, inclusi sviluppo software, design UX/UI, marketing digitale, ecc.
   o **Esempio**: Iscriviti a un corso di sviluppo di app mobili per apprendere le competenze necessarie alla creazione del tuo prodotto.

2. **Udemy**

- o **Descrizione**: Una piattaforma di apprendimento online con corsi su vari argomenti.
- o **Funzionalità**: Offre corsi tenuti da esperti del settore con video, esercizi pratici e certificati di completamento.
- o **Esempio**: Segui un corso di design UI/UX per migliorare le tue competenze nella progettazione di interfacce utente.

3. **Stack Overflow**

- o **Descrizione**: Una community online per programmatori dove è possibile chiedere e rispondere a domande tecniche.
- o **Funzionalità**: Offre soluzioni a problemi di programmazione, guide e best practices condivise dalla community.
- o **Esempio**: Utilizza Stack Overflow per risolvere problemi tecnici durante lo sviluppo del tuo prodotto.

4. **GitHub Learning Lab**

- o **Descrizione**: Una risorsa di apprendimento interattiva che insegna a usare GitHub e Git attraverso progetti pratici.
- o **Funzionalità**: Offre tutorial e guide passo-passo su vari argomenti legati allo sviluppo software.
- o **Esempio**: Completa un corso su GitHub Learning Lab per migliorare le tue competenze nella gestione del codice e nella collaborazione su progetti.

Strumenti di Collaborazione e Gestione dei Progetti

1. **Trello**

   o **Descrizione**: Uno strumento di gestione dei progetti basato su schede che aiuta a organizzare e tracciare le attività.
   o **Funzionalità**: Consente di creare bacheche, liste e schede per gestire le attività e collaborare con il team.
   o **Esempio**: Utilizzato per gestire il backlog di sviluppo e pianificare le sprints di un progetto Agile.

2. **Asana**

   o **Descrizione**: Una piattaforma di gestione del lavoro progettata per aiutare i team a organizzare, tracciare e gestire il loro lavoro.
   o **Funzionalità**: Offre strumenti per la gestione delle attività, la pianificazione dei progetti, e la collaborazione.
   o **Esempio**: Utilizzato per gestire i compiti di progetto, assegnare responsabilità e monitorare i progressi.

3. **Slack**

   o **Descrizione**: Una piattaforma di messaggistica per team che facilita la comunicazione e la collaborazione.
   o **Funzionalità**: Offre canali di comunicazione, messaggistica diretta, integrazioni con altri strumenti e condivisione di file.
   o **Esempio**: Utilizzato per comunicare in tempo reale con il team di sviluppo e design, condividere aggiornamenti e risolvere problemi.

Conclusione

La scelta degli strumenti e delle risorse giuste può fare una grande differenza nella creazione di un prodotto digitale di successo. Utilizzando strumenti di progettazione, sviluppo, formazione e collaborazione, puoi migliorare l'efficienza, la qualità e l'innovazione del tuo progetto. Sperimenta con diversi strumenti per trovare quelli che meglio si adattano alle tue esigenze e mantieniti aggiornato sulle nuove tecnologie e risorse che possono ulteriormente potenziare il tuo lavoro.

Design e Usabilità

Il design e l'usabilità sono elementi fondamentali nella creazione di un prodotto digitale di successo. Un buon design non solo attira gli utenti, ma rende anche il prodotto facile e piacevole da usare. Questo capitolo esplorerà i principi chiave del design e dell'usabilità, offrendo linee guida e best practices per creare prodotti che soddisfano le aspettative degli utenti e migliorano l'esperienza complessiva.

Principi di Design

1. **Semplicità**

    o **Descrizione**: Un design semplice è facile da capire e utilizzare. Evita l'eccesso di informazioni e funzionalità non necessarie.

    o **Esempio**: Un'app di fitness con un'interfaccia pulita e intuitiva che mostra solo le informazioni essenziali per l'utente, come gli obiettivi di allenamento e i progressi.

2. **Consistenza**

    o **Descrizione**: Mantieni un design coerente in tutto il prodotto per evitare confusione. Usa colori, font e stili simili in tutte le schermate e sezioni.

    o **Esempio**: Se utilizzi un colore specifico per i pulsanti di azione, mantieni lo stesso colore in tutto il sito o l'app.

3. **Gerarchia Visiva**

    o **Descrizione**: Organizza le informazioni in modo che gli elementi più importanti siano facilmente riconoscibili e accessibili.

    o **Esempio**: Utilizza dimensioni dei caratteri, colori e spaziatura per distinguere i titoli dalle informazioni secondarie.

4. Feedback dell'Utente

- o **Descrizione**: Fornisci un feedback chiaro e immediato agli utenti per ogni azione che compiono. Questo può includere messaggi di conferma, errori e notifiche.
- o **Esempio**: Mostra un messaggio di successo quando un utente completa un allenamento o salva le modifiche alle sue impostazioni.

5. Accessibilità

- o **Descrizione**: Assicurati che il prodotto sia utilizzabile da persone con diverse abilità e condizioni. Questo include l'uso di testi alternativi, contrasti di colore adeguati e navigazione via tastiera.
- o **Esempio**: Implementa funzionalità di accessibilità come la possibilità di ingrandire il testo e la compatibilità con screen reader.

Principi di Usabilità

1. Navigazione Intuitiva

- o **Descrizione**: La navigazione deve essere semplice e logica, permettendo agli utenti di trovare facilmente ciò che cercano.
- o **Esempio**: Utilizza un menu di navigazione chiaro e ben organizzato con categorie ben definite.

2. Efficienza

- o **Descrizione**: Riduci il numero di passaggi necessari per completare un'azione. Gli utenti apprezzano prodotti che permettono di raggiungere i loro obiettivi rapidamente.
- o **Esempio**: Permetti agli utenti di registrare un allenamento con pochi clic, senza dover navigare attraverso molte schermate.

3. Prevenzione degli Errori

- o **Descrizione**: Progetta il sistema in modo da prevenire errori comuni e offrire suggerimenti utili.
- o **Esempio**: Aggiungi controlli di convalida nei moduli per assicurarti che gli utenti inseriscano informazioni corrette (es. formati di email validi).

4. Recupero dagli Errori

- o **Descrizione**: Fornisci soluzioni facili e chiare per recuperare dagli errori.
- o **Esempio**: Offri messaggi di errore chiari e suggerimenti su come risolverli, come "Il formato dell'email non è valido. Per favore, inserisci un'email nel formato name@example.com".

5. Memorabilità

- o **Descrizione**: Il prodotto deve essere facile da ricordare per gli utenti che tornano dopo un periodo di inattività.
- o **Esempio**: Usa icone e layout familiari che aiutano gli utenti a ritrovare facilmente le funzionalità principali.

Strumenti e Tecniche per Migliorare il Design e l'Usabilità

1. Test di Usabilità

- o **Descrizione**: Coinvolgi utenti reali per testare il prodotto e raccogliere feedback sulla loro esperienza.
- o **Esempio**: Organizza sessioni di test di usabilità in cui gli utenti tentano di completare compiti specifici mentre osservi e annoti i loro comportamenti e difficoltà.

2. Heuristic Evaluation

- o **Descrizione**: Una tecnica in cui esperti di usabilità valutano il prodotto in base a un insieme di principi noti (euristiche).
- o **Esempio**: Usa le 10 euristiche di Nielsen per valutare la facilità d'uso del tuo prodotto e identificare aree di miglioramento.

3. A/B Testing

- o **Descrizione**: Confronta due versioni di una pagina o di un elemento per vedere quale performa meglio in termini di usabilità e conversioni.
- o **Esempio**: Testa due diverse versioni di una pagina di registrazione per vedere quale versione riduce il tasso di abbandono.

4. Wireframing e Prototyping

- o **Descrizione**: Crea wireframe e prototipi per visualizzare e testare il design prima della fase di sviluppo completa.
- o **Strumenti**: Usa strumenti come Sketch, Figma, InVision e Adobe XD per creare e testare wireframe e prototipi.
- o **Esempio**: Progetta wireframe dettagliati delle schermate principali della tua app e testali con utenti reali per raccogliere feedback.

5. Personas

- o **Descrizione**: Crea profili dettagliati dei tuoi utenti ideali per guidare le decisioni di design.
- o **Esempio**: Sviluppa personas basate su dati reali dei clienti per assicurarti che il design risponda alle esigenze e preferenze dei tuoi utenti target.

Case Study: Migliorare l'Usabilità di un'App di Fitness

Esempio: Supponiamo che tu stia sviluppando un'app di fitness. Inizialmente, hai ricevuto feedback che l'interfaccia utente è confusa e difficile da navigare. Per migliorare l'usabilità, hai implementato i seguenti cambiamenti:

1. **Navigazione Semplificata**: Hai ridisegnato il menu di navigazione per renderlo più intuitivo, riducendo il numero di livelli e raggruppando le funzionalità correlate.
2. **Feedback Visivo Migliorato**: Hai aggiunto animazioni e messaggi di conferma per le azioni completate, come l'aggiunta di un allenamento al diario.
3. **Test di Usabilità**: Hai condotto test di usabilità con un gruppo di utenti target, osservando le loro interazioni e raccogliendo feedback dettagliati.
4. **Iterazioni Basate su Feedback**: Hai iterato sul design in base ai feedback ricevuti, migliorando la chiarezza delle istruzioni e la disposizione delle informazioni.

Dopo questi miglioramenti, hai notato un aumento significativo nell'engagement degli utenti e nella soddisfazione generale.

Conclusione

Il design e l'usabilità sono componenti essenziali per il successo di qualsiasi prodotto digitale. Seguendo i principi chiave e utilizzando gli strumenti e le tecniche appropriate, puoi creare prodotti che non solo attraggono gli utenti, ma offrono anche un'esperienza d'uso eccellente. Ricorda che il design e l'usabilità sono processi iterativi: continua a raccogliere feedback e a migliorare il tuo prodotto per soddisfare al meglio le esigenze dei tuoi utenti.

Produzione di Contenuti Digitali

La produzione di contenuti digitali è una componente cruciale per il successo di qualsiasi prodotto online. Che si tratti di un blog, un corso online, un'applicazione mobile o un sito web, i contenuti giocano un ruolo fondamentale nell'attrarre, coinvolgere e fidelizzare gli utenti. In questo capitolo, esploreremo le migliori pratiche per la creazione di contenuti digitali di alta qualità, inclusi gli strumenti da utilizzare, le tecniche di ottimizzazione e le strategie per mantenere la coerenza e il valore.

Tipologie di Contenuti Digitali

1. **Articoli e Blog Post**

    o **Descrizione**: Testi informativi o educativi che forniscono valore ai lettori.
    o **Esempio**: Un blog su un sito di fitness che offre consigli su esercizi, nutrizione e benessere.

2. **Video**

    o **Descrizione**: Contenuti visivi che possono variare da tutorial e webinar a vlog e recensioni di prodotti.
    o **Esempio**: Video dimostrazioni di esercizi su un'app di fitness o tutorial di cucina su un blog alimentare.

3. **Podcast**

    o **Descrizione**: Contenuti audio che possono includere interviste, discussioni su argomenti specifici o narrazioni.
    o **Esempio**: Un podcast settimanale che discute di strategie di allenamento e storie di successo nel fitness.

4. **Infografiche**

   o **Descrizione**: Rappresentazioni grafiche di dati e informazioni progettate per essere facilmente comprensibili.
   o **Esempio**: Infografiche che mostrano i benefici di vari esercizi fisici o che forniscono piani alimentari.

5. **Ebook e Guide**

   o **Descrizione**: Documenti digitali più lunghi che approfondiscono un argomento specifico.
   o **Esempio**: Una guida completa su come iniziare con il fitness o un ebook su ricette salutari.

Strumenti per la Creazione di Contenuti

1. **Google Docs**

   o **Descrizione**: Una piattaforma di elaborazione testi basata su cloud per creare, modificare e collaborare su documenti.
   o **Funzionalità**: Editing collaborativo, salvataggio automatico, accesso da qualsiasi dispositivo.
   o **Esempio**: Scrivere e modificare articoli di blog in collaborazione con il team.

2. **Canva**

   o **Descrizione**: Uno strumento di design grafico intuitivo che consente di creare immagini, infografiche e presentazioni.
   o **Funzionalità**: Modelli predefiniti, strumenti di editing semplici, vasta libreria di immagini e grafici.
   o **Esempio**: Creare grafiche accattivanti per i post sui social media o infografiche per il blog.

3. **Adobe Premiere Pro**

    o   **Descrizione**: Un software di editing video professionale.
    o   **Funzionalità**: Editing avanzato, effetti visivi, transizioni, integrazione con altri strumenti Adobe.
    o   **Esempio**: Montare video di alta qualità per tutorial e vlog.

4. **Audacity**

    o   **Descrizione**: Un software open source per la registrazione e l'editing audio.
    o   **Funzionalità**: Registrazione multi-traccia, effetti audio, strumenti di pulizia del suono.
    o   **Esempio**: Registrare e modificare episodi di podcast.

5. **Mailchimp**

    o   **Descrizione**: Una piattaforma di email marketing per creare e gestire campagne di email.
    o   **Funzionalità**: Modelli di email, automazione delle campagne, analisi delle performance.
    o   **Esempio**: Inviare newsletter settimanali ai membri del sito di fitness con aggiornamenti e consigli.

Best Practices per la Creazione di Contenuti

1. **Conoscere il Proprio Pubblico**

    o   **Descrizione**: Capire chi è il tuo pubblico target e quali sono i loro bisogni e interessi.
    o   **Esempio**: Utilizzare sondaggi e analisi dei dati per capire quali tipi di contenuti risuonano meglio con i lettori del tuo blog di fitness.

2. **Qualità sopra Quantità**

    o   **Descrizione**: Puntare su contenuti di alta qualità che offrono reale valore, piuttosto che produrre una grande quantità di contenuti mediocri.

o **Esempio**: Pubblicare articoli di blog ben ricercati e dettagliati una volta a settimana, piuttosto che brevi post giornalieri.

3. **Ottimizzazione per i Motori di Ricerca (SEO)**

o **Descrizione**: Utilizzare tecniche SEO per aumentare la visibilità dei contenuti sui motori di ricerca.

o **Esempio**: Inserire parole chiave rilevanti, ottimizzare i meta tag e migliorare la velocità di caricamento delle pagine del tuo sito di fitness.

4. **Coerenza e Regolarità**

o **Descrizione**: Mantenere un calendario editoriale regolare per costruire e mantenere un pubblico fedele.

o **Esempio**: Pianificare e pubblicare contenuti ogni settimana, inviando regolarmente newsletter ai tuoi iscritti.

5. **Engagement e Interattività**

o **Descrizione**: Creare contenuti che incoraggiano l'interazione e l'engagement del pubblico.

o **Esempio**: Includere domande aperte nei post del blog, organizzare sondaggi su social media e rispondere ai commenti degli utenti.

Strategie di Contenuto

1. **Storytelling**

o **Descrizione**: Utilizzare la narrazione per coinvolgere emotivamente il pubblico e rendere i contenuti più memorabili.

o **Esempio**: Raccontare storie di trasformazioni personali nel blog di fitness per ispirare i lettori.

2. **Contenuti Evergreen**

- o **Descrizione**: Creare contenuti che rimangano rilevanti e utili nel tempo.
- o **Esempio**: Articoli su tecniche di allenamento fondamentali che saranno sempre validi per i lettori.

3. **Contenuti User-Generated**

- o **Descrizione**: Coinvolgere il pubblico nella creazione di contenuti, come recensioni, testimonianze e contributi ospiti.
- o **Esempio**: Invitare i membri della community di fitness a condividere le loro storie di successo e foto dei loro progressi.

4. **Repurposing dei Contenuti**

- o **Descrizione**: Riutilizzare i contenuti esistenti in nuovi formati per raggiungere un pubblico più ampio.
- o **Esempio**: Trasformare un articolo di blog popolare in un video di YouTube o una serie di post su Instagram.

Monitoraggio e Analisi delle Performance

1. **Google Analytics**

- o **Descrizione**: Uno strumento per monitorare il traffico del sito web e analizzare il comportamento degli utenti.
- o **Funzionalità**: Tracciare le visite, le fonti di traffico, il tempo trascorso sul sito e altro ancora.
- o **Esempio**: Analizzare quali articoli del blog di fitness generano più traffico e interazione.

2. **Social Media Insights**

- o **Descrizione**: Strumenti analitici forniti dalle piattaforme di social media per monitorare l'engagement dei post.

o   **Esempio**: Utilizzare Facebook Insights per vedere quali tipi di post ottengono più like, commenti e condivisioni.

3.   **Email Marketing Analytics**

o   **Descrizione**: Strumenti per monitorare le performance delle campagne email.

o   **Esempio**: Utilizzare Mailchimp per analizzare il tasso di apertura, il tasso di click-through e le conversioni delle newsletter.

Conclusione

La produzione di contenuti digitali di alta qualità è essenziale per attrarre e mantenere l'attenzione del pubblico. Utilizzando gli strumenti giusti e seguendo le best practices, puoi creare contenuti che non solo informano e intrattengono, ma che costruiscono anche una forte connessione con il tuo pubblico. Ricorda di monitorare e analizzare le performance dei tuoi contenuti per capire cosa funziona meglio e continuare a migliorare la tua strategia.

Capitolo 4: Preparare il Lancio del Prodotto

Pianificazione del Lancio

La pianificazione del lancio di un prodotto è una fase cruciale che richiede attenzione ai dettagli, coordinamento tra i team e un piano strategico ben definito. Un lancio ben eseguito può fare la differenza tra un prodotto che passa inosservato e uno che cattura l'attenzione del mercato. Questo capitolo esplorerà i passaggi chiave per pianificare un lancio di successo, inclusi la definizione degli obiettivi, la creazione di una timeline, lo sviluppo di strategie di marketing e la preparazione per il supporto post-lancio.

Definizione degli Obiettivi

Prima di lanciare il prodotto, è essenziale definire chiaramente gli obiettivi che si desidera raggiungere. Questi possono includere:

1. **Obiettivi di Vendita**

   - **Descrizione**: Stabilire target di vendita specifici che si desidera raggiungere entro un certo periodo di tempo.
   - **Esempio**: Vendere 1.000 unità del prodotto entro i primi tre mesi dal lancio.

2. **Obiettivi di Marketing**

   - **Descrizione**: Definire metriche di successo per le attività di marketing, come il traffico web, il numero di lead generati e il tasso di conversione.
   - **Esempio**: Aumentare il traffico al sito web del 50% durante la campagna di lancio.

3. Obiettivi di Brand Awareness

- o **Descrizione**: Aumentare la consapevolezza del marchio e la visibilità del prodotto tra il pubblico target.
- o **Esempio**: Raggiungere 100.000 impression sui social media durante il primo mese di lancio.

Creazione di una Timeline

Una timeline dettagliata aiuta a mantenere il lancio del prodotto organizzato e puntuale. Ecco come creare una timeline efficace:

1. Fasi del Lancio

- o **Pre-lancio**: Attività di preparazione che includono il marketing teaser, la creazione di contenuti e il coordinamento con i partner.
- o **Lancio**: Attività del giorno del lancio, come eventi di lancio, comunicati stampa e promozioni sui social media.
- o **Post-lancio**: Attività di follow-up, come il monitoraggio delle performance, il supporto ai clienti e le attività di marketing continue.

2. Assegnazione delle Responsabilità

- o **Descrizione**: Assegnare compiti specifici a membri del team per garantire che ogni attività sia completata.
- o **Esempio**: Assegnare la gestione dei social media a un membro del team, la preparazione dei materiali di marketing a un altro e la supervisione tecnica a un terzo.

3. Scadenze e Milestone

- o **Descrizione**: Stabilire scadenze chiare per ogni attività e milestone critici.

o **Esempio**: Stabilire una data di completamento per la creazione del sito web, una data di inizio per la campagna email e una data di lancio per il prodotto.

Strategie di Marketing

Per un lancio di successo, è fondamentale sviluppare e implementare strategie di marketing efficaci. Ecco alcune strategie chiave:

1. **Marketing Teaser**

   o **Descrizione**: Creare curiosità e anticipazione attraverso campagne teaser prima del lancio ufficiale.
   o **Esempio**: Pubblicare immagini e video sui social media che mostrano parti del prodotto senza rivelarlo completamente, usando hashtag specifici per generare buzz.

2. **Campagne sui Social Media**

   o **Descrizione**: Utilizzare piattaforme di social media per raggiungere e coinvolgere il pubblico target.
   o **Esempio**: Pianificare una serie di post che includono contenuti visivi, storie degli utenti, e aggiornamenti sul lancio del prodotto.

3. **Email Marketing**

   o **Descrizione**: Inviare campagne email mirate ai contatti esistenti per informarli del lancio imminente.
   o **Esempio**: Inviare una serie di email che includono anticipazioni del prodotto, offerte speciali per i primi acquirenti e informazioni sul lancio.

4. **Collaborazioni con Influencer**

   o **Descrizione**: Collaborare con influencer rilevanti nel settore per amplificare la portata del lancio.

o **Esempio**: Invitare influencer a testare e recensire il prodotto prima del lancio e a condividere le loro esperienze con i loro follower.

5. **Eventi di Lancio**

o **Descrizione**: Organizzare eventi di lancio virtuali o fisici per presentare il prodotto al pubblico.

o **Esempio**: Tenere un webinar o una diretta streaming dove i membri del team presentano il prodotto e rispondono alle domande degli utenti.

Preparazione per il Supporto Post-Lancio

Il lavoro non finisce con il lancio del prodotto. È essenziale prepararsi per fornire un supporto continuo ai clienti e per monitorare le performance del prodotto. Ecco come:

1. **Supporto Clienti**

o **Descrizione**: Stabilire canali di supporto per assistere i clienti con domande o problemi.

o **Esempio**: Creare un centro di assistenza online, fornire supporto via email e chat live, e preparare una sezione di FAQ dettagliata.

2. **Monitoraggio delle Performance**

o **Descrizione**: Utilizzare strumenti analitici per monitorare le performance del prodotto e delle campagne di marketing.

o **Esempio**: Utilizzare Google Analytics per monitorare il traffico al sito web e le conversioni, e strumenti di social media analytics per tracciare l'engagement.

3. **Feedback e Miglioramenti**

o **Descrizione**: Raccogliere feedback dai clienti e utilizzare queste informazioni per migliorare il prodotto.

- o **Esempio**: Creare sondaggi post-acquisto, analizzare le recensioni dei clienti e implementare aggiornamenti basati sui suggerimenti ricevuti.

4. **Aggiornamenti e Comunicazioni Continui**

- o **Descrizione**: Mantenere il pubblico informato su aggiornamenti del prodotto, nuove funzionalità e offerte speciali.
- o **Esempio**: Inviare newsletter periodiche con aggiornamenti del prodotto e promozioni esclusive per i clienti fedeli.

Case Study: Pianificazione del Lancio di un'App di Fitness

Esempio: Supponiamo che tu stia lanciando un'app di fitness. Ecco come potresti pianificare il lancio:

1. **Obiettivi**

- o Vendere 5.000 download dell'app entro i primi tre mesi.
- o Raggiungere 200.000 impression sui social media durante il primo mese.
- o Generare 10.000 iscritti alla newsletter attraverso la campagna di lancio.

2. **Timeline**

- o **Pre-lancio**: Creazione di contenuti teaser (6 settimane prima), lancio della campagna email (4 settimane prima), collaborazione con influencer (2 settimane prima).
- o **Lancio**: Evento di lancio virtuale e campagna sui social media (giorno del lancio).
- o **Post-lancio**: Monitoraggio delle performance e supporto clienti (settimane successive al lancio).

3.   Strategie di Marketing

- o   **Teaser**: Pubblicare immagini dietro le quinte dello sviluppo dell'app sui social media.
- o   **Social Media**: Pianificare post giornalieri su Instagram e Facebook con video dimostrativi e testimonianze degli utenti.
- o   **Email**: Inviare email settimanali con anticipazioni del prodotto e offerte di pre-lancio.
- o   **Influencer**: Invitare fitness influencer a testare l'app e condividere le loro esperienze sui loro canali.

4.   Supporto Post-Lancio

- o   **Supporto Clienti**: Creare un centro di assistenza online con chat live.
- o   **Monitoraggio**: Utilizzare Google Analytics e Facebook Insights per tracciare il successo delle campagne.
- o   **Feedback**: Invio di sondaggi ai nuovi utenti per raccogliere feedback e migliorare l'app.

Conclusione

Una pianificazione accurata del lancio è essenziale per garantire che il tuo prodotto digitale ottenga l'attenzione e il successo che merita. Definendo obiettivi chiari, creando una timeline dettagliata, sviluppando strategie di marketing efficaci e preparandoti per il supporto post-lancio, puoi massimizzare le possibilità di un lancio di successo. Ricorda che la preparazione e il coordinamento sono fondamentali: un lancio ben orchestrato può avere un impatto duraturo sulla percezione del prodotto e sul successo del business.

Strategie di Pre-Lancio

Le strategie di pre-lancio sono fondamentali per costruire anticipazione e interesse intorno al tuo prodotto prima del giorno del lancio ufficiale. Un pre-lancio efficace può aumentare significativamente la visibilità del prodotto e garantire un pubblico pronto e entusiasta. In questo sottocapitolo, esploreremo diverse strategie di pre-lancio che possono aiutarti a preparare il terreno per un lancio di successo.

Creazione di Anticipazione

1. **Teaser e Annunci**

   o **Descrizione**: Creare contenuti teaser che rivelano gradualmente informazioni sul prodotto, generando curiosità e aspettativa.
   o **Esempio**: Pubblicare sui social media immagini parziali del prodotto, video teaser o post enigmatici che accennano alle caratteristiche innovative del prodotto.

2. **Contenuti Esclusivi**

   o **Descrizione**: Offrire anteprime esclusive del prodotto a un gruppo selezionato di persone, come influencer o clienti fedeli.
   o **Esempio**: Invitare un gruppo ristretto di influencer a testare il prodotto in anteprima e condividere le loro opinioni con il pubblico.

3. **Countdown**

   o **Descrizione**: Utilizzare un conto alla rovescia per creare un senso di urgenza e costruire anticipazione.
   o **Esempio**: Aggiungere un timer di countdown sul sito web e sui canali social che conta i giorni, le ore e i minuti fino al lancio.

Coinvolgimento della Community

1. **Coinvolgimento degli Influencer**

   o **Descrizione**: Collaborare con influencer rilevanti nel tuo settore per amplificare il messaggio del pre-lancio.

   o **Esempio**: Invitare influencer a partecipare a una campagna teaser, condividere contenuti esclusivi e anticipazioni con i loro follower.

2. **Concorsi e Giveaway**

   o **Descrizione**: Organizzare concorsi e giveaway per generare entusiasmo e coinvolgere il pubblico.

   o **Esempio**: Offrire la possibilità di vincere il prodotto in anteprima partecipando a un concorso sui social media, chiedendo ai partecipanti di condividere il post del concorso e taggare amici.

3. **Partecipazione della Community**

   o **Descrizione**: Coinvolgere la community nella fase di pre-lancio attraverso sondaggi, domande e discussioni.

   o **Esempio**: Creare un sondaggio per chiedere ai membri della community quali caratteristiche vorrebbero vedere nel prodotto o quali problemi sperano di risolvere.

Creazione di Contenuti di Valore

1. **Blog Post e Articoli**

   o **Descrizione**: Scrivere post sul blog e articoli che trattano argomenti correlati al prodotto e offrono valore al pubblico.

   o **Esempio**: Pubblicare articoli sul blog che discutono dei benefici delle caratteristiche del prodotto, storie di successo o casi di studio.

2. Video Tutorial e Dimostrazioni

- o **Descrizione**: Creare video che mostrano come utilizzare il prodotto e i suoi vantaggi.
- o **Esempio**: Caricare video tutorial su YouTube che dimostrano le funzionalità del prodotto e come può migliorare la vita degli utenti.

3. Webinar e Eventi Live

- o **Descrizione**: Organizzare webinar o eventi live per presentare il prodotto, rispondere a domande e interagire direttamente con il pubblico.
- o **Esempio**: Tenere un webinar in cui il team di sviluppo spiega le caratteristiche uniche del prodotto e risponde alle domande dei partecipanti.

Creazione di una Landing Page di Pre-Lancio

1. Elementi Chiave di una Landing Page

- o **Descrizione**: Una landing page di pre-lancio dovrebbe includere informazioni essenziali sul prodotto, un invito all'azione chiaro e un modulo di iscrizione.
- o **Esempio**: Creare una landing page con una descrizione breve del prodotto, immagini accattivanti, testimonianze e un modulo per iscriversi alla newsletter per ricevere aggiornamenti sul lancio.

2. Invito all'Azione (CTA)

- o **Descrizione**: Assicurati che la landing page abbia un CTA forte che incoraggi i visitatori a registrarsi per ulteriori informazioni o offerte esclusive.
- o **Esempio**: Utilizzare CTA come "Iscriviti per ricevere aggiornamenti esclusivi" o "Prenota il tuo posto per il lancio".

3. **Offerte Speciali**

    o   **Descrizione**: Offrire incentivi per incoraggiare le iscrizioni, come sconti speciali o accesso anticipato al prodotto.
    o   **Esempio**: Promettere uno sconto del 20% sul prezzo di lancio per chi si iscrive alla newsletter prima del lancio.

Pianificazione e Coordinamento

1. **Piano di Contenuti**

    o   **Descrizione**: Creare un piano di contenuti dettagliato che definisca cosa pubblicare e quando.
    o   **Esempio**: Pianificare post sui social media, articoli del blog, video e email con date e orari specifici per mantenere il pubblico coinvolto fino al lancio.

2. **Assegnazione delle Responsabilità**

    o   **Descrizione**: Assicurarsi che ogni membro del team sappia esattamente quali sono i suoi compiti e le sue responsabilità durante il periodo di pre-lancio.
    o   **Esempio**: Assegnare un responsabile per la gestione dei social media, un altro per la creazione di contenuti e un altro per il coordinamento con gli influencer.

3. **Monitoraggio e Adattamento**

    o   **Descrizione**: Monitorare costantemente le performance delle attività di pre-lancio e adattare la strategia in base ai risultati.
    o   **Esempio**: Utilizzare strumenti di analisi per monitorare l'engagement sui social media e le iscrizioni alla newsletter, e fare aggiustamenti se necessario.

Case Study: Pre-Lancio di un'App di Fitness

Esempio: Supponiamo che tu stia preparando il pre-lancio di un'app di fitness. Ecco come potresti implementare le strategie di pre-lancio:

1. **Teaser e Annunci**

   o   Pubblica immagini teaser dell'interfaccia dell'app sui social media, rivelando nuove funzionalità ogni settimana fino al lancio.

2. **Coinvolgimento degli Influencer**

   o   Invita influencer nel settore del fitness a testare l'app in anteprima e condividere le loro esperienze sui loro canali.

3. **Concorsi e Giveaway**

   o   Organizza un giveaway sui social media offrendo l'accesso anticipato all'app per i primi 100 iscritti alla newsletter.

4. **Creazione di Contenuti di Valore**

   o   Pubblica articoli sul blog che discutono dei benefici dell'allenamento con l'app e storie di successo di beta tester.

5. **Landing Page di Pre-Lancio**

   o   Crea una landing page con un modulo di iscrizione per aggiornamenti e offerte speciali, promettendo uno sconto del 20% sul prezzo di lancio per gli iscritti.

Conclusione

Le strategie di pre-lancio sono essenziali per costruire un'anticipazione e un interesse sostenibile intorno al tuo prodotto. Creando contenuti di valore, coinvolgendo la community e pianificando attentamente ogni dettaglio, puoi assicurarti che il tuo lancio sia un successo. Ricorda che il pre-lancio è il momento di creare aspettativa e connessione con il pubblico: utilizzalo al meglio per massimizzare l'impatto del tuo prodotto sul mercato.

Creazione di una Landing Page Efficace

Una landing page ben progettata è uno degli strumenti più potenti nel tuo arsenale di marketing per il lancio di un prodotto. Essa serve come punto focale per la tua campagna di lancio, catturando l'interesse dei visitatori e convertendoli in lead o clienti. In questo sottocapitolo, esploreremo i principi fondamentali per creare una landing page efficace che massimizzi le conversioni e il coinvolgimento.

Elementi Chiave di una Landing Page

1. **Titolo Coinvolgente**

   o **Descrizione**: Il titolo è il primo elemento che i visitatori vedono e deve catturare immediatamente la loro attenzione.
   o **Esempio**: Un titolo accattivante per un'app di fitness potrebbe essere "Trasforma il Tuo Corpo con l'App di Fitness Definitiva".

2. **Sottotitolo Informativo**

   o **Descrizione**: Il sottotitolo dovrebbe fornire maggiori dettagli e supportare il titolo principale, spiegando brevemente il valore del prodotto.
   o **Esempio**: "Scopri programmi di allenamento personalizzati e consigli nutrizionali per raggiungere i tuoi obiettivi di fitness".

3. Immagini e Video di Alta Qualità

- o **Descrizione**: Utilizza immagini e video che mostrano il prodotto in uso e mettono in evidenza le sue caratteristiche principali.
- o **Esempio**: Includere un video dimostrativo che mostri come utilizzare l'app di fitness e i suoi benefici.

4. Descrizione del Prodotto

- o **Descrizione**: Fornisci una descrizione chiara e concisa del prodotto, evidenziando i suoi vantaggi e le caratteristiche principali.
- o **Esempio**: "L'app offre allenamenti guidati, tracciamento dei progressi, piani alimentari personalizzati e una community di supporto".

5. Invito all'Azione (CTA) Chiaro

- o **Descrizione**: Il CTA deve essere ben visibile e invitare i visitatori a compiere un'azione specifica, come iscriversi alla newsletter, preordinare il prodotto o scaricare un'app.
- o **Esempio**: Un CTA come "Iscriviti Ora per Accesso Anticipato" o "Scarica l'App Gratuitamente".

6. Testimonianze e Recensioni

- o **Descrizione**: Includere testimonianze di clienti soddisfatti o recensioni positive può aumentare la credibilità e la fiducia nel prodotto.
- o **Esempio**: Testimonianze di beta tester che descrivono come l'app di fitness ha migliorato i loro allenamenti.

7. Benefici e Valore

- o **Descrizione**: Evidenziare i benefici principali del prodotto e il valore che offre agli utenti.
- o **Esempio**: "Risparmia tempo con allenamenti personalizzati" o "Migliora la tua salute con piani alimentari su misura".

8. **Modulo di Iscrizione**

- o **Descrizione**: Un modulo di iscrizione semplice e veloce che richiede solo le informazioni essenziali.
- o **Esempio**: Un campo per l'email e un pulsante di iscrizione con un messaggio come "Iscriviti per ricevere aggiornamenti esclusivi".

Best Practices per la Creazione di una Landing Page

1. **Chiarezza e Focus**

- o **Descrizione**: Mantieni la pagina semplice e focalizzata, evitando informazioni superflue che possono distrarre i visitatori.
- o **Esempio**: Utilizza una struttura lineare con sezioni chiaramente definite che guidano i visitatori attraverso le informazioni essenziali.

2. **Velocità di Caricamento**

- o **Descrizione**: Assicurati che la pagina si carichi rapidamente per evitare che i visitatori abbandonino prima di vedere il contenuto.
- o **Strumenti**: Utilizza strumenti come Google PageSpeed Insights per ottimizzare la velocità di caricamento.
- o **Esempio**: Comprimere le immagini e minimizzare i file CSS e JavaScript per migliorare le prestazioni.

3. **Ottimizzazione per Dispositivi Mobili**

- o **Descrizione**: La landing page deve essere perfettamente fruibile su tutti i dispositivi, compresi smartphone e tablet.
- o **Esempio**: Utilizzare un design responsive che si adatta automaticamente alle diverse dimensioni dello schermo.

4. Prove Sociali

- o **Descrizione**: Includere prove sociali, come il numero di iscritti, menzioni in media rilevanti o certificazioni.
- o **Esempio**: "Già 10.000 utenti hanno scelto la nostra app per migliorare il loro fitness".

5. Testing A/B

- o **Descrizione**: Effettua test A/B per confrontare diverse versioni della landing page e determinare quale funziona meglio.
- o **Strumenti**: Utilizza strumenti come Optimizely o Google Optimize per eseguire test A/B.
- o **Esempio**: Testare diverse headline, immagini e CTA per vedere quale versione converte di più.

Strumenti per Creare Landing Page

1. Unbounce

- o **Descrizione**: Una piattaforma di creazione di landing page che offre modelli personalizzabili e strumenti di ottimizzazione.
- o **Funzionalità**: Drag-and-drop builder, modelli predefiniti, integrazioni con strumenti di marketing.
- o **Esempio**: Creare una landing page per il pre-lancio di un'app di fitness utilizzando i modelli e le funzioni di Unbounce.

2. Leadpages

- o **Descrizione**: Uno strumento di creazione di landing page che facilita la generazione di lead e le conversioni.
- o **Funzionalità**: Modelli predefiniti, editor drag-and-drop, strumenti di analisi.

- o **Esempio**: Utilizzare Leadpages per creare una landing page con un modulo di iscrizione e CTA chiari.

3. **Instapage**

- o **Descrizione**: Una piattaforma di creazione di landing page con funzionalità avanzate di personalizzazione e ottimizzazione.
- o **Funzionalità**: Editor drag-and-drop, integrazioni con strumenti di marketing, test A/B.
- o **Esempio**: Sviluppare una landing page ottimizzata per il pre-lancio del prodotto utilizzando le funzionalità di Instapage.

Esempio di Landing Page per un'App di Fitness

Titolo: "Trasforma il Tuo Corpo con l'App di Fitness Definitiva"
Sottotitolo: "Scopri programmi di allenamento personalizzati e consigli nutrizionali per raggiungere i tuoi obiettivi di fitness."
Immagini/Video: Un video dimostrativo che mostra le funzionalità dell'app e le storie di successo degli utenti.
Descrizione del Prodotto: "L'app offre allenamenti guidati, tracciamento dei progressi, piani alimentari personalizzati e una community di supporto." **CTA**: "Iscriviti Ora per Accesso Anticipato" **Testimonianze**: "Ho raggiunto i miei obiettivi di fitness in soli 3 mesi grazie a questa app! - Marco, 28 anni"
Benefici: "Risparmia tempo con allenamenti personalizzati", "Migliora la tua salute con piani alimentari su misura." **Modulo di Iscrizione**: Un campo per l'email e un pulsante "Iscriviti per ricevere aggiornamenti esclusivi".

Conclusione

Una landing page efficace è cruciale per il successo del lancio del tuo prodotto. Seguendo le best practices e utilizzando i giusti strumenti, puoi creare una pagina che cattura l'attenzione dei visitatori, comunica chiaramente il valore del prodotto e li incoraggia a compiere un'azione. Ricorda di testare e ottimizzare continuamente la tua landing page per massimizzare le conversioni e raggiungere i tuoi obiettivi di lancio.

Capitolo 5: Marketing e Vendita del Prodotto

Marketing Digitale

Il marketing digitale è essenziale per raggiungere il tuo pubblico target e promuovere il tuo prodotto online. Un approccio ben pianificato e strategico può aumentare significativamente la visibilità del tuo prodotto e portare a maggiori vendite e coinvolgimento degli utenti. In questo sottocapitolo, esploreremo le strategie e gli strumenti chiave del marketing digitale, tra cui SEO, content marketing, social media marketing e pubblicità a pagamento.

SEO (Search Engine Optimization)

1. **Ricerca delle Parole Chiave**

   o **Descrizione**: Identificare le parole chiave più rilevanti e con alto volume di ricerca che il tuo pubblico target utilizza.
   o **Strumenti**: Google Keyword Planner, Ahrefs, SEMrush.
   o **Esempio**: Per un'app di fitness, parole chiave come "allenamenti personalizzati", "app per il fitness" e "piani alimentari" possono essere rilevanti.

2. **Ottimizzazione On-Page**

   o **Descrizione**: Migliorare gli elementi del tuo sito web per renderlo più visibile ai motori di ricerca.
   o **Elementi Chiave**: Titoli, meta descrizioni, tag header, URL, immagini con alt text.
   o **Esempio**: Ottimizzare il titolo di una pagina come "App di Fitness con Allenamenti Personalizzati e Piani Alimentari".

3. Creazione di Contenuti di Qualità

- o **Descrizione**: Pubblicare contenuti che rispondono alle domande del pubblico e forniscono valore.
- o **Esempio**: Articoli sul blog che offrono consigli su come utilizzare l'app di fitness, guide all'alimentazione sana e piani di allenamento.

4. Backlink Building

- o **Descrizione**: Ottenere link da altri siti web che puntano al tuo, aumentando l'autorità e la visibilità del tuo sito.
- o **Strategie**: Guest posting, collaborazioni con influencer, condivisione di contenuti su piattaforme di settore.
- o **Esempio**: Collaborare con blogger di fitness per recensire la tua app e includere un link al tuo sito.

Content Marketing

1. Blogging

- o **Descrizione**: Creare e pubblicare articoli che attraggano e coinvolgano il tuo pubblico target.
- o **Esempio**: Scrivere post sul blog su argomenti come "I Migliori Esercizi per la Perdita di Peso" o "Come Creare un Piano Alimentare Personalizzato".

2. Video Marketing

- o **Descrizione**: Utilizzare video per presentare il prodotto, dimostrare le sue funzionalità e fornire contenuti educativi.
- o **Esempio**: Caricare video tutorial su YouTube che mostrano come utilizzare l'app di fitness e i suoi benefici.

3. **Ebook e Guide**

   o **Descrizione**: Creare contenuti più approfonditi come ebook e guide scaricabili per fornire valore aggiunto e generare lead.
   o **Esempio**: Offrire un ebook gratuito intitolato "Guida Completa al Fitness e alla Nutrizione" in cambio dell'iscrizione alla newsletter.

4. **Infografiche**

   o **Descrizione**: Creare rappresentazioni visive di informazioni complesse per renderle più comprensibili e condivisibili.
   o **Esempio**: Un'infografica che mostra i benefici dell'esercizio fisico regolare e come l'app può aiutare a raggiungerli.

Social Media Marketing

1. **Piattaforme Principali**

   o **Descrizione**: Utilizzare le piattaforme di social media più rilevanti per il tuo pubblico target.
   o **Esempio**: Instagram e Facebook sono ottimi per il visual storytelling, mentre LinkedIn è utile per il networking professionale.

2. **Creazione di Contenuti Coinvolgenti**

   o **Descrizione**: Pubblicare contenuti che coinvolgano il pubblico e stimolino l'interazione.
   o **Esempio**: Pubblicare foto e video di allenamenti, testimonianze degli utenti e consigli nutrizionali.

3. **Gestione delle Community**

   o **Descrizione**: Interagire con il pubblico, rispondere ai commenti e costruire una community attiva e fedele.

o **Esempio**: Organizzare Q&A live su Instagram o Facebook per rispondere alle domande degli utenti sull'app di fitness.

4. **Collaborazioni con Influencer**

o **Descrizione**: Collaborare con influencer che hanno un seguito rilevante nel tuo settore per aumentare la visibilità del prodotto.

o **Esempio**: Invitare influencer del fitness a testare e recensire l'app, condividendo le loro esperienze sui loro canali social.

Pubblicità a Pagamento

1. **Google Ads**

o **Descrizione**: Utilizzare Google Ads per creare campagne PPC (pay-per-click) mirate che appaiono nelle ricerche correlate al tuo prodotto.

o **Esempio**: Creare annunci per parole chiave come "app di fitness" e "programmi di allenamento personalizzati".

2. **Facebook Ads**

o **Descrizione**: Creare annunci mirati su Facebook per raggiungere il tuo pubblico target basato su interessi, comportamenti e dati demografici.

o **Esempio**: Lanciare una campagna di annunci per promuovere il download dell'app con offerte speciali per i nuovi utenti.

3. **Instagram Ads**

o **Descrizione**: Utilizzare annunci visivi su Instagram per attirare l'attenzione e generare interesse per il prodotto.

o **Esempio**: Pubblicare video e immagini promozionali che mostrano le caratteristiche dell'app e testimonianze degli utenti.

4. Retargeting

- o **Descrizione**: Utilizzare campagne di retargeting per raggiungere utenti che hanno visitato il tuo sito web ma non hanno completato l'azione desiderata.
- o **Esempio**: Creare annunci che ricordano agli utenti di completare il download dell'app o di iscriversi alla newsletter.

Monitoraggio e Analisi

1. Google Analytics

- o **Descrizione**: Utilizzare Google Analytics per monitorare il traffico del sito web, il comportamento degli utenti e le conversioni.
- o **Esempio**: Analizzare quali pagine del sito ricevono più visite e quali canali di marketing portano il maggior numero di conversioni.

2. Strumenti di Social Media Analytics

- o **Descrizione**: Utilizzare gli strumenti analitici forniti dalle piattaforme di social media per monitorare l'engagement e le performance dei post.
- o **Esempio**: Utilizzare Facebook Insights e Instagram Analytics per vedere quali tipi di contenuti generano più interazioni.

3. Email Marketing Analytics

- o **Descrizione**: Monitorare le performance delle campagne email utilizzando strumenti come Mailchimp.
- o **Esempio**: Analizzare il tasso di apertura, il tasso di click-through e le conversioni delle email inviate.

4. Dashboard di Monitoraggio

- o **Descrizione**: Creare dashboard personalizzate che aggregano dati da diverse fonti per avere una visione completa delle performance di marketing.
- o **Esempio**: Utilizzare strumenti come Google Data Studio per creare dashboard che mostrano i dati di traffico web, social media e campagne email.

Conclusione

Il marketing digitale è essenziale per il successo del tuo prodotto online. Utilizzando una combinazione di SEO, content marketing, social media marketing e pubblicità a pagamento, puoi raggiungere il tuo pubblico target, aumentare la visibilità del prodotto e guidare le vendite. Ricorda di monitorare e analizzare continuamente le performance delle tue campagne per ottimizzare le strategie e massimizzare i risultati.

Email Marketing

L'email marketing è uno strumento potente e versatile che può aiutarti a raggiungere il tuo pubblico target, costruire relazioni durature e aumentare le vendite. Una strategia di email marketing ben pianificata consente di comunicare direttamente con i clienti, fornendo contenuti rilevanti e personalizzati. In questo sottocapitolo, esploreremo le migliori pratiche per l'email marketing, inclusi la costruzione di una lista di contatti, la creazione di contenuti efficaci, l'automazione delle campagne e l'analisi delle performance.

Costruzione della Lista di Contatti

1. **Form di Iscrizione sul Sito Web**

   o **Descrizione**: Posiziona form di iscrizione in punti strategici del tuo sito web per incoraggiare i visitatori a iscriversi alla tua newsletter.

   o **Esempio**: Aggiungere un modulo di iscrizione nella homepage, nelle pagine dei blog post e come pop-up quando i visitatori stanno per lasciare il sito.

2. **Offerte e Incentivi**

   o **Descrizione**: Offri incentivi per incoraggiare le persone a iscriversi alla tua lista email, come sconti, ebook gratuiti o accesso esclusivo a contenuti.

   o **Esempio**: Promettere uno sconto del 10% sul primo acquisto o un ebook gratuito su piani di allenamento personalizzati.

3. **Concorsi e Giveaway**

   o **Descrizione**: Organizza concorsi o giveaway che richiedono l'iscrizione alla newsletter per partecipare.

- o **Esempio**: Un giveaway di prodotti fitness che richiede agli utenti di iscriversi alla tua lista email per avere una chance di vincere.

4. **Lead Magnets**

- o **Descrizione**: Offri risorse di valore come lead magnets in cambio dell'iscrizione alla lista email.
- o **Esempio**: Un corso gratuito via email su come iniziare un programma di fitness o una guida dettagliata alla nutrizione.

Creazione di Contenuti Email Efficaci

1. **Segmentazione della Lista**

- o **Descrizione**: Suddividi la tua lista di contatti in segmenti basati su criteri come interessi, comportamento d'acquisto, posizione geografica, ecc.
- o **Esempio**: Creare segmenti separati per principianti nel fitness, utenti avanzati e persone interessate a specifici tipi di allenamento.

2. **Personalizzazione dei Messaggi**

- o **Descrizione**: Personalizza le email con il nome del destinatario e contenuti rilevanti per aumentare il coinvolgimento.
- o **Esempio**: Iniziare le email con "Ciao [Nome]" e includere raccomandazioni personalizzate basate sui comportamenti di acquisto passati.

3. **Contenuti di Valore**

- o **Descrizione**: Fornisci contenuti utili e interessanti che rispondono alle esigenze e agli interessi dei tuoi iscritti.
- o **Esempio**: Inviare articoli su consigli per l'allenamento, piani alimentari settimanali, video tutorial e storie di successo degli utenti.

4. **Design Accattivante**

- o **Descrizione**: Utilizza un design email professionale e accattivante per migliorare l'esperienza di lettura e incoraggiare le conversioni.
- o **Strumenti**: Usa strumenti come Mailchimp, Constant Contact o Sendinblue per creare email ben progettate.
- o **Esempio**: Utilizzare template email con immagini di alta qualità, pulsanti di call-to-action (CTA) chiari e un layout mobile-friendly.

Automazione delle Campagne Email

1. **Welcome Series**

- o **Descrizione**: Crea una serie di email di benvenuto che vengono inviate automaticamente ai nuovi iscritti per introdurli al tuo brand e ai tuoi prodotti.
- o **Esempio**: Una serie di tre email che includono un messaggio di benvenuto, una panoramica dei benefici dell'app di fitness e un'offerta speciale per il primo acquisto.

2. **Email Drip Campaigns**

- o **Descrizione**: Utilizza campagne drip per inviare una serie di email programmate nel tempo, fornendo contenuti progressivi e rilevanti.
- o **Esempio**: Una drip campaign che guida gli utenti attraverso un programma di allenamento di 30 giorni, inviando ogni giorno un nuovo allenamento e consigli nutrizionali.

3. **Abandoned Cart Emails**

- o **Descrizione**: Invia email automatiche ai clienti che hanno abbandonato il carrello, incoraggiandoli a completare l'acquisto.

o **Esempio**: Un'email che ricorda al cliente gli articoli lasciati nel carrello, offre un piccolo sconto e include un link per completare l'acquisto.

4. **Re-engagement Campaigns**

o **Descrizione**: Invita gli iscritti inattivi a riconnettersi con il tuo brand attraverso contenuti accattivanti o offerte speciali.

o **Esempio**: Un'email che chiede agli utenti se sono ancora interessati ai tuoi contenuti e offre uno sconto per incentivare un nuovo acquisto.

Analisi delle Performance

1. **Tasso di Apertura**

o **Descrizione**: Misura la percentuale di destinatari che aprono le tue email.

o **Esempio**: Analizzare il tasso di apertura delle email di benvenuto per capire quanto sono efficaci i tuoi oggetti e anteprime.

2. **Tasso di Click-Through (CTR)**

o **Descrizione**: Misura la percentuale di destinatari che cliccano sui link all'interno delle tue email.

o **Esempio**: Monitorare il CTR delle campagne promozionali per vedere quali offerte e CTA generano più interesse.

3. **Tasso di Conversione**

o **Descrizione**: Misura la percentuale di destinatari che completano un'azione desiderata, come un acquisto o un'iscrizione.

o **Esempio**: Valutare il tasso di conversione delle email di carrello abbandonato per capire l'efficacia delle tue strategie di recupero.

4. **Tasso di Annullamento dell'Iscrizione**

- o **Descrizione**: Misura la percentuale di destinatari che scelgono di annullare l'iscrizione dalla tua lista email.
- o **Esempio**: Analizzare il tasso di annullamento per identificare eventuali problemi nei contenuti o nella frequenza delle email.

5. **Feedback dei Clienti**

- o **Descrizione**: Raccogliere feedback direttamente dai destinatari per capire meglio cosa funziona e cosa no.
- o **Esempio**: Includere sondaggi nelle email per chiedere ai destinatari cosa pensano dei contenuti e come potrebbero essere migliorati.

Case Study: Campagna di Email Marketing per un'App di Fitness

Esempio: Supponiamo che tu stia lanciando una campagna di email marketing per promuovere un'app di fitness. Ecco come potrebbe essere strutturata:

1. **Costruzione della Lista**

- o Creare form di iscrizione sul sito web dell'app, offrendo un ebook gratuito su "Come Iniziare con il Fitness" in cambio dell'iscrizione alla newsletter.

2. **Contenuti Email**

- o Segmentare la lista in base agli interessi (ad esempio, principianti vs avanzati).
- o Inviare una serie di email di benvenuto che introduce l'app e offre un periodo di prova gratuito.

3. **Automazione**

- o Creare una drip campaign di 30 giorni con consigli giornalieri di allenamento e nutrizione.

     o   Inviare email di carrello abbandonato con un'offerta speciale per completare l'iscrizione.

4. **Analisi**

     o   Monitorare il tasso di apertura delle email di benvenuto e il CTR delle drip campaign.

     o   Analizzare il tasso di conversione delle email di carrello abbandonato per misurare il successo delle offerte speciali.

Conclusione

L'email marketing è uno strumento potente per costruire relazioni con i clienti, fornire valore e guidare le vendite. Utilizzando le migliori pratiche per la costruzione della lista, la creazione di contenuti efficaci, l'automazione delle campagne e l'analisi delle performance, puoi massimizzare l'impatto delle tue strategie di email marketing. Ricorda di mantenere i contenuti rilevanti e personalizzati per il tuo pubblico, monitorare continuamente le metriche chiave e adattare le tue strategie in base ai risultati.

Pubblicità a Pagamento

La pubblicità a pagamento è una componente fondamentale di una strategia di marketing digitale efficace. Utilizzando piattaforme pubblicitarie come Google Ads, Facebook Ads e Instagram Ads, puoi raggiungere un pubblico più ampio e mirato, aumentando la visibilità del tuo prodotto e generando vendite. In questo sottocapitolo, esploreremo le strategie, gli strumenti e le best practices per creare campagne pubblicitarie a pagamento che convertono.

Google Ads

1. **Ricerca delle Parole Chiave**

   o **Descrizione**: Identificare le parole chiave rilevanti per il tuo prodotto che gli utenti cercano su Google.
   o **Strumenti**: Google Keyword Planner.
   o **Esempio**: Per un'app di fitness, parole chiave come "app di allenamento", "personal trainer online" e "programma di fitness" possono essere efficaci.

2. **Creazione degli Annunci**

   o **Descrizione**: Scrivere annunci che catturano l'attenzione e incoraggiano gli utenti a cliccare.
   o **Esempio**: Un annuncio per l'app di fitness potrebbe essere "Trasforma il Tuo Corpo con la Nostra App di Fitness - Prova Gratuita!"

3. **Targeting del Pubblico**

   o **Descrizione**: Utilizzare le opzioni di targeting di Google Ads per raggiungere il tuo pubblico ideale in base a interessi, comportamenti e dati demografici.
   o **Esempio**: Targetizzare utenti interessati a fitness, salute e benessere, e restringere ulteriormente per età e località.

4. **Ottimizzazione della Campagna**

   o **Descrizione**: Monitorare le performance della campagna e fare aggiustamenti per migliorare i risultati.
   o **Strumenti**: Google Analytics, Google Ads Dashboard.
   o **Esempio**: Testare diverse varianti degli annunci (A/B testing) per vedere quali generano più click e conversioni.

Facebook Ads

1. **Definizione degli Obiettivi**

   o **Descrizione**: Stabilire obiettivi chiari per la campagna, come aumentare la consapevolezza del marchio, generare lead o incrementare le vendite.
   o **Esempio**: Obiettivo di generare 1.000 download dell'app di fitness nel primo mese di campagna.

2. **Creazione degli Annunci**

   o **Descrizione**: Creare annunci visivamente accattivanti con immagini o video e copy persuasivo.
   o **Esempio**: Un video promozionale che mostra le funzionalità principali dell'app di fitness con una CTA chiara come "Scarica Ora".

3. **Targeting del Pubblico**

   o **Descrizione**: Utilizzare le potenti opzioni di targeting di Facebook per raggiungere il pubblico giusto.
   o **Esempio**: Targetizzare persone interessate a pagine di fitness, salute e wellness, e utenti che hanno già interagito con contenuti simili.

4. **Monitoraggio e Ottimizzazione**

- o **Descrizione**: Monitorare le performance degli annunci e ottimizzare in base ai dati raccolti.
- o **Strumenti**: Facebook Ads Manager, Facebook Insights.
- o **Esempio**: Analizzare il CTR e il costo per conversione per capire quali annunci funzionano meglio e fare modifiche di conseguenza.

Instagram Ads

1. **Visual Storytelling**

- o **Descrizione**: Utilizzare immagini e video di alta qualità per raccontare la storia del tuo prodotto in modo coinvolgente.
- o **Esempio**: Pubblicare storie e post che mostrano utenti reali mentre utilizzano l'app di fitness e condividono i loro progressi.

2. **Targeting del Pubblico**

- o **Descrizione**: Raggiungere il tuo pubblico ideale utilizzando le opzioni di targeting di Instagram basate su interessi, comportamenti e dati demografici.
- o **Esempio**: Targetizzare giovani adulti interessati a fitness, salute e tecnologia.

3. **Annunci Carousel**

- o **Descrizione**: Creare annunci carousel che permettono agli utenti di scorrere attraverso una serie di immagini o video.
- o **Esempio**: Un annuncio carousel che mostra diverse caratteristiche dell'app di fitness, come allenamenti guidati, monitoraggio dei progressi e piani alimentari.

4. **Hashtag e Geotagging**

    o **Descrizione**: Utilizzare hashtag rilevanti e geotag per aumentare la visibilità degli annunci.
    o **Esempio**: Utilizzare hashtag come #fitnessapp, #workout, #healthyliving e geotag per raggiungere utenti in specifiche località.

Retargeting

1. **Definizione del Pubblico di Retargeting**

    o **Descrizione**: Creare segmenti di pubblico basati sui visitatori del sito web, utenti che hanno interagito con i contenuti o clienti che hanno abbandonato il carrello.
    o **Esempio**: Creare un pubblico di retargeting per utenti che hanno visitato la pagina di download dell'app ma non hanno completato l'azione.

2. **Creazione degli Annunci di Retargeting**

    o **Descrizione**: Scrivere annunci specifici per incoraggiare il pubblico a completare l'azione desiderata.
    o **Esempio**: Un annuncio che ricorda agli utenti di completare il download dell'app e offre un incentivo come uno sconto sul primo acquisto.

3. **Ottimizzazione delle Campagne di Retargeting**

    o **Descrizione**: Monitorare le performance degli annunci di retargeting e fare aggiustamenti per migliorare i risultati.
    o **Esempio**: Testare diversi messaggi e offerte per vedere quale genera il maggior numero di conversioni.

Misurazione e Analisi delle Performance

1. Impostazione degli Obiettivi di Conversione

- o **Descrizione**: Definire chiaramente quali azioni costituiscono una conversione e impostare obiettivi di performance.
- o **Esempio**: Un obiettivo di conversione potrebbe essere ogni download dell'app di fitness.

2. Monitoraggio delle Metriche Chiave

- o **Descrizione**: Monitorare metriche come il costo per clic (CPC), il tasso di click-through (CTR), il costo per acquisizione (CPA) e il ritorno sull'investimento (ROI).
- o **Strumenti**: Google Analytics, Facebook Ads Manager, Instagram Insights.
- o **Esempio**: Analizzare il CTR degli annunci di Facebook per vedere quali creatività funzionano meglio.

3. Reportistica e Ottimizzazione

- o **Descrizione**: Creare report dettagliati sulle performance delle campagne e fare aggiustamenti basati sui dati raccolti.
- o **Esempio**: Utilizzare i dati dei report per ottimizzare il targeting, il budget e i messaggi degli annunci.

Case Study: Campagna di Pubblicità a Pagamento per un'App di Fitness

Esempio: Supponiamo che tu stia lanciando una campagna di pubblicità a pagamento per promuovere un'app di fitness. Ecco come potrebbe essere strutturata:

1. **Google Ads**

   o Ricerca parole chiave come "app di fitness" e "personal trainer online".

   o Creazione di annunci con testi accattivanti come "Scarica l'App di Fitness e Inizia il Tuo Percorso di Benessere".

   o Targeting di utenti interessati a fitness e salute.

   o Monitoraggio delle performance e ottimizzazione degli annunci.

2. **Facebook Ads**

   o Definizione dell'obiettivo di generare 1.000 download nel primo mese.

   o Creazione di video annunci che mostrano le funzionalità dell'app.

   o Targeting di persone interessate a pagine di fitness e salute.

   o Monitoraggio del CTR e ottimizzazione degli annunci.

3. **Instagram Ads**

   o Utilizzo di immagini e video di alta qualità per raccontare la storia dell'app.

   o Creazione di annunci carousel per mostrare diverse caratteristiche dell'app.

   o Utilizzo di hashtag rilevanti e geotagging.

   o Monitoraggio delle performance e aggiustamenti basati sui dati.

4. Retargeting

- o Creazione di pubblico di retargeting basato sui visitatori del sito web.
- o Scrittura di annunci di retargeting per incoraggiare il download dell'app.
- o Ottimizzazione delle campagne di retargeting per massimizzare le conversioni.

Conclusione

La pubblicità a pagamento è uno strumento essenziale per aumentare la visibilità del tuo prodotto e generare vendite. Utilizzando strategie ben pianificate su piattaforme come Google Ads, Facebook Ads e Instagram Ads, puoi raggiungere il tuo pubblico target in modo efficace e misurabile. Ricorda di monitorare continuamente le performance delle tue campagne, fare aggiustamenti basati sui dati raccolti e ottimizzare per massimizzare i risultati.

Capitolo 6: Gestione e Crescita del Business

Customer Service e Supporto

Un eccellente servizio clienti è fondamentale per il successo e la crescita di qualsiasi business digitale. Fornire un supporto clienti di alta qualità non solo aumenta la soddisfazione dei clienti, ma costruisce anche la fedeltà e favorisce il passaparola positivo. In questo sottocapitolo, esploreremo le migliori pratiche per creare un efficace servizio clienti e le strategie per gestire e migliorare il supporto.

Elementi di un Eccellente Servizio Clienti

1. **Accessibilità**

    o **Descrizione**: Assicurati che i clienti possano facilmente contattarti attraverso vari canali.
    o **Esempio**: Offrire supporto via email, chat live, telefono e sui social media.

2. **Risposta Rapida**

    o **Descrizione**: Rispondere tempestivamente alle richieste dei clienti per dimostrare che il loro tempo è prezioso.
    o **Esempio**: Impostare un tempo di risposta massimo di 24 ore per le email e pochi minuti per la chat live.

3. **Conoscenza del Prodotto**

    o **Descrizione**: Il team di supporto deve essere ben informato e in grado di rispondere a tutte le domande relative al prodotto.

o **Esempio**: Fornire al team di supporto una formazione approfondita sulle funzionalità dell'app di fitness e sui problemi comuni degli utenti.

4. **Personalizzazione**

o **Descrizione**: Trattare ogni cliente come un individuo unico, adattando le risposte e le soluzioni alle loro esigenze specifiche.

o **Esempio**: Utilizzare il nome del cliente e fare riferimento alla loro storia d'uso durante le interazioni.

5. **Empatia**

o **Descrizione**: Mostrare comprensione e preoccupazione genuine per i problemi dei clienti.

o **Esempio**: Riconoscere il disappunto di un cliente insoddisfatto e offrire soluzioni concrete per risolvere il problema.

Strumenti e Canali di Supporto

1. **Email e Moduli di Contatto**

o **Descrizione**: Utilizzare email e moduli di contatto sul sito web per consentire ai clienti di inviare domande e richieste.

o **Strumenti**: Zendesk, Freshdesk.

o **Esempio**: Configurare un modulo di contatto sul sito web dell'app di fitness per raccogliere feedback e richieste di supporto.

2. **Chat Live**

o **Descrizione**: Offrire supporto in tempo reale attraverso una funzione di chat live sul sito web.

o **Strumenti**: Intercom, LiveChat.

o **Esempio**: Implementare una chat live che permette agli utenti di chiedere assistenza immediata durante l'uso dell'app.

3. **Supporto Telefonico**

- o **Descrizione**: Fornire un numero di telefono per il supporto clienti per risolvere problemi più complessi.
- o **Esempio**: Offrire assistenza telefonica durante le ore lavorative per aiutare gli utenti con domande urgenti.

4. **Self-Service**

- o **Descrizione**: Creare un centro di assistenza online con risorse di auto-aiuto come FAQ, guide e tutorial.
- o **Strumenti**: Help Scout, Zoho Desk.
- o **Esempio**: Un centro di assistenza che include articoli su come utilizzare le varie funzionalità dell'app, video tutorial e risposte alle domande più comuni.

5. **Social Media**

- o **Descrizione**: Utilizzare i canali social per offrire supporto clienti e rispondere alle domande pubblicamente.
- o **Esempio**: Rispondere ai commenti e ai messaggi diretti su piattaforme come Facebook, Twitter e Instagram.

Miglioramento Continuo del Servizio Clienti

1. **Raccogliere Feedback**

- o **Descrizione**: Raccogliere feedback dai clienti per capire meglio le loro esigenze e le aree di miglioramento.
- o **Strumenti**: Sondaggi, Net Promoter Score (NPS).
- o **Esempio**: Inviare sondaggi post-interazione per raccogliere feedback sul livello di soddisfazione del supporto ricevuto.

2. **Monitorare le Performance del Team di Supporto**

- o **Descrizione**: Monitorare le metriche chiave delle performance del team di supporto, come il tempo di risposta, il tempo di risoluzione e la soddisfazione del cliente.
- o **Strumenti**: Dashboard analitiche in Zendesk, Freshdesk.
- o **Esempio**: Analizzare le metriche mensilmente per identificare le aree che necessitano di miglioramento e fornire formazione aggiuntiva.

3. **Formazione Continua**

- o **Descrizione**: Offrire formazione continua al team di supporto per mantenerli aggiornati sulle nuove funzionalità del prodotto e sulle migliori pratiche di servizio clienti.
- o **Esempio**: Organizzare workshop mensili e sessioni di formazione per il team di supporto.

4. **Implementare Feedback e Miglioramenti**

- o **Descrizione**: Utilizzare il feedback raccolto per apportare miglioramenti ai processi di supporto e alle funzionalità del prodotto.
- o **Esempio**: Aggiornare le FAQ e le guide di auto-aiuto basate sulle domande ricorrenti dei clienti e le loro difficoltà.

Case Study: Migliorare il Supporto Clienti per un'App di Fitness

Esempio: Supponiamo che tu gestisca il supporto clienti per un'app di fitness. Ecco alcune azioni che potresti intraprendere per migliorare il servizio clienti:

1. **Implementare la Chat Live**

o Utilizzare Intercom per fornire supporto in tempo reale agli utenti che hanno domande o problemi durante l'uso dell'app.

o Monitorare il tempo di risposta e assicurarsi che i clienti ricevano assistenza rapida.

2. **Creare un Centro di Assistenza Online**

o Configurare un centro di assistenza con Zendesk che include articoli su come iniziare con l'app, guide passo-passo per le funzionalità principali e video tutorial.

o Aggiornare regolarmente il centro di assistenza con nuove informazioni basate sul feedback dei clienti.

3. **Raccogliere Feedback Post-Interazione**

o Inviare sondaggi ai clienti dopo ogni interazione con il supporto per valutare il livello di soddisfazione e raccogliere suggerimenti.

o Utilizzare il feedback per migliorare le risposte del team di supporto e le risorse disponibili nel centro di assistenza.

4. **Monitorare e Analizzare le Performance**

o Utilizzare dashboard in Freshdesk per monitorare metriche come il tempo di risposta, il tempo di risoluzione e la soddisfazione del cliente.

o Analizzare i dati mensilmente per identificare trend e aree di miglioramento, e organizzare sessioni di formazione basate sui risultati.

Conclusione

Un servizio clienti eccellente è essenziale per costruire un business digitale di successo. Assicurandoti che il tuo team di supporto sia ben informato, accessibile e empatico, e utilizzando strumenti efficaci per la gestione delle interazioni con i clienti, puoi migliorare significativamente la soddisfazione e la fedeltà dei clienti. Ricorda di raccogliere continuamente feedback, monitorare le performance e apportare miglioramenti costanti per mantenere un alto livello di qualità nel servizio clienti.

Analisi delle Prestazioni

L'analisi delle prestazioni è cruciale per capire come sta andando il tuo business digitale, identificare aree di miglioramento e prendere decisioni informate. In questo sottocapitolo, esploreremo gli strumenti e le metodologie per monitorare e analizzare le performance del tuo prodotto e delle tue campagne di marketing.

Metriche Chiave da Monitorare

1. **Traffico del Sito Web**

   o **Descrizione**: Monitorare il numero di visitatori del sito web, le pagine visualizzate, il tempo medio trascorso sul sito e la frequenza di rimbalzo.
   o **Strumenti**: Google Analytics.
   o **Esempio**: Analizzare il traffico mensile per identificare trend stagionali e valutare l'efficacia delle campagne di marketing.

2. **Tasso di Conversione**

   o **Descrizione**: Misurare la percentuale di visitatori del sito web che completano un'azione desiderata, come un acquisto o un'iscrizione.
   o **Strumenti**: Google Analytics, strumenti di e-commerce.
   o **Esempio**: Valutare il tasso di conversione delle landing page per identificare opportunità di ottimizzazione.

3. **Costo per Acquisizione (CPA)**

- o **Descrizione**: Calcolare il costo medio per acquisire un nuovo cliente attraverso le tue campagne di marketing.
- o **Strumenti**: Piattaforme pubblicitarie come Google Ads, Facebook Ads.
- o **Esempio**: Monitorare il CPA per valutare l'efficienza delle tue campagne pubblicitarie.

4. **Customer Lifetime Value (CLV)**

- o **Descrizione**: Stimare il valore totale che un cliente medio porta al tuo business durante la sua intera relazione con il brand.
- o **Strumenti**: Analisi dei dati di vendita e strumenti CRM.
- o **Esempio**: Calcolare il CLV per identificare i segmenti di clienti più preziosi e sviluppare strategie per aumentare la loro fidelizzazione.

5. **Tasso di Abbandono**

- o **Descrizione**: Misurare la percentuale di clienti che smettono di utilizzare il tuo prodotto o servizio in un determinato periodo.
- o **Strumenti**: Strumenti CRM, Google Analytics.
- o **Esempio**: Analizzare il tasso di abbandono per identificare le cause principali e implementare misure di ritenzione.

6. **Engagement sui Social Media**

- o **Descrizione**: Monitorare il livello di interazione con i tuoi contenuti sui social media, come like, commenti, condivisioni e visualizzazioni.
- o **Strumenti**: Facebook Insights, Instagram Analytics, Twitter Analytics.
- o **Esempio**: Valutare l'engagement sui post di Instagram per capire quali tipi di contenuti risuonano meglio con il pubblico.

Strumenti di Analisi delle Prestazioni

1. **Google Analytics**

    o   **Descrizione**: Uno strumento essenziale per monitorare e analizzare il traffico del sito web e il comportamento degli utenti.

    o   **Funzionalità**: Report personalizzati, tracciamento delle conversioni, analisi del funnel.

    o   **Esempio**: Utilizzare Google Analytics per tracciare le fonti di traffico e identificare quali canali di marketing portano il maggior numero di visitatori e conversioni.

2. **Google Data Studio**

    o   **Descrizione**: Una piattaforma di visualizzazione dei dati che consente di creare report e dashboard interattivi.

    o   **Funzionalità**: Integrazione con Google Analytics, Google Ads e altre fonti di dati.

    o   **Esempio**: Creare dashboard personalizzate che aggregano dati da diverse fonti per avere una visione completa delle performance del business.

3. **SEMrush**

    o   **Descrizione**: Uno strumento di marketing digitale che offre funzionalità per la ricerca delle parole chiave, l'analisi della concorrenza e il monitoraggio delle campagne SEO.

    o   **Funzionalità**: Ricerca delle parole chiave, analisi dei backlink, audit del sito web.

    o   **Esempio**: Utilizzare SEMrush per monitorare le posizioni delle parole chiave e identificare opportunità per migliorare la SEO del sito web.

4. Hotjar

- o **Descrizione**: Uno strumento di analisi del comportamento degli utenti che offre heatmaps, registrazioni delle sessioni e sondaggi.
- o **Funzionalità**: Heatmaps, registrazioni delle sessioni, sondaggi di feedback.
- o **Esempio**: Utilizzare Hotjar per vedere come gli utenti interagiscono con il sito web e identificare aree di miglioramento nell'esperienza utente.

5. Salesforce

- o **Descrizione**: Una piattaforma CRM leader che offre strumenti per la gestione delle vendite, il marketing e il servizio clienti.
- o **Funzionalità**: Tracciamento delle vendite, automazione del marketing, gestione delle relazioni con i clienti.
- o **Esempio**: Utilizzare Salesforce per monitorare le interazioni con i clienti e analizzare i dati di vendita per migliorare le strategie di marketing e vendita.

Analisi e Ottimizzazione delle Campagne di Marketing

1. A/B Testing

- o **Descrizione**: Condurre test A/B per confrontare due versioni di un elemento (come una landing page o un'email) e determinare quale performa meglio.
- o **Strumenti**: Google Optimize, Optimizely.
- o **Esempio**: Testare due diverse headline su una landing page per vedere quale genera più conversioni.

2. **Analisi del Funnel di Conversione**

    o **Descrizione**: Analizzare ogni fase del funnel di conversione per identificare punti di attrito e opportunità di miglioramento.

    o **Strumenti**: Google Analytics, Kissmetrics.

    o **Esempio**: Monitorare il percorso degli utenti dal clic sull'annuncio fino alla conversione finale per identificare dove si perdono i potenziali clienti.

3. **Analisi delle Prestazioni dei Contenuti**

    o **Descrizione**: Valutare le performance dei contenuti per capire quali tipi di contenuti generano più traffico e conversioni.

    o **Strumenti**: Google Analytics, BuzzSumo.

    o **Esempio**: Analizzare quali articoli del blog portano il maggior numero di visite e lead e creare più contenuti simili.

4. **Monitoraggio delle Campagne Pubblicitarie**

    o **Descrizione**: Monitorare le metriche chiave delle campagne pubblicitarie, come il CTR, il CPC e il ROI, per ottimizzare le performance.

    o **Strumenti**: Google Ads, Facebook Ads Manager.

    o **Esempio**: Analizzare il CTR degli annunci su Facebook e fare aggiustamenti per migliorare l'efficacia delle campagne.

Creazione di Report e Dashboard

1. **Report Settimanali e Mensili**

    o **Descrizione**: Creare report settimanali e mensili per monitorare le performance e identificare trend e anomalie.

    o **Esempio**: Un report settimanale che include metriche chiave come traffico del sito web, tasso di conversione e CPA.

2. **Dashboard Personalizzate**

    o   **Descrizione**: Utilizzare dashboard personalizzate per aggregare e visualizzare i dati in tempo reale.
    o   **Esempio**: Una dashboard che mostra il traffico del sito web, le conversioni e le performance delle campagne pubblicitarie.

3. **Analisi e Interpretazione dei Dati**

    o   **Descrizione**: Analizzare i dati raccolti per identificare tendenze, opportunità e problemi.
    o   **Esempio**: Identificare un calo nel traffico del sito web e analizzare le cause possibili, come problemi tecnici o cambiamenti nell'algoritmo di ricerca.

Case Study: Analisi delle Prestazioni per un'App di Fitness

Esempio: Supponiamo che tu stia monitorando e analizzando le prestazioni di un'app di fitness. Ecco alcune azioni che potresti intraprendere:

1. **Monitoraggio del Traffico del Sito Web**

    o   Utilizzare Google Analytics per tracciare il numero di visitatori del sito web, le pagine visualizzate e il tempo medio trascorso sul sito.
    o   Identificare le fonti di traffico principali e valutare l'efficacia delle campagne di marketing.

2. **Analisi del Tasso di Conversione**

    o   Calcolare il tasso di conversione delle landing page e delle campagne pubblicitarie.
    o   Utilizzare A/B testing per ottimizzare le pagine con un basso tasso di conversione.

3. **Monitoraggio del Costo per Acquisizione (CPA)**

o Utilizzare Google Ads e Facebook Ads Manager per monitorare il CPA delle campagne pubblicitarie.
o Fare aggiustamenti alle campagne per ridurre il CPA e aumentare l'efficienza delle spese pubblicitarie.

4. **Calcolo del Customer Lifetime Value (CLV)**

o Utilizzare i dati di vendita e gli strumenti CRM per calcolare il CLV dei clienti.
o Identificare i segmenti di clienti più preziosi e sviluppare strategie per aumentare la loro fidelizzazione.

Conclusione

L'analisi delle prestazioni è essenziale per comprendere come sta andando il tuo business digitale e per prendere decisioni informate. Utilizzando strumenti e metodologie efficaci, puoi monitorare le metriche chiave, ottimizzare le tue campagne di marketing e identificare aree di miglioramento. Ricorda di creare report e dashboard personalizzate per avere una visione completa delle performance del tuo business e di fare aggiustamenti basati sui dati raccolti per massimizzare i risultati.

Scalabilità

Scalare un business digitale è un processo complesso ma fondamentale per garantire una crescita sostenibile e a lungo termine. La scalabilità implica l'espansione delle operazioni senza compromettere la qualità del prodotto o del servizio, ottimizzando allo stesso tempo le risorse e i processi. In questo sottocapitolo, esploreremo le strategie e le migliori pratiche per scalare efficacemente il tuo business digitale.

Pianificazione della Scalabilità

1. **Valutazione della Capacità Attuale**

    o **Descrizione**: Analizzare le risorse attuali del business per capire la capacità di gestire un aumento della domanda.
    o **Esempio**: Valutare se l'infrastruttura tecnologica, il personale e i processi possono supportare un aumento significativo degli utenti.

2. **Definizione degli Obiettivi di Scalabilità**

    o **Descrizione**: Stabilire obiettivi chiari e realistici per la crescita del business.
    o **Esempio**: Aumentare il numero di utenti dell'app di fitness del 50% entro un anno senza aumentare proporzionalmente i costi operativi.

3. **Sviluppo di un Piano di Scalabilità**

    o **Descrizione**: Creare un piano dettagliato che descriva come raggiungere gli obiettivi di scalabilità.
    o **Esempio**: Identificare le aree critiche per la crescita, come l'infrastruttura tecnologica, il supporto clienti e le operazioni di marketing.

101

Ottimizzazione dell'Infrastruttura Tecnologica

1. Utilizzo di Servizi Cloud

- o **Descrizione**: Migrare le operazioni su piattaforme cloud per migliorare la flessibilità e la scalabilità.
- o **Strumenti**: AWS, Google Cloud Platform, Microsoft Azure.
- o **Esempio**: Utilizzare servizi cloud per gestire il database dell'app di fitness, garantendo una capacità di scala automatica in risposta all'aumento del numero di utenti.

2. Microservizi

- o **Descrizione**: Implementare un'architettura basata su microservizi per migliorare l'efficienza e la scalabilità delle applicazioni.
- o **Esempio**: Scomporre l'app di fitness in microservizi indipendenti, come autenticazione, gestione degli allenamenti e tracciamento dei progressi.

3. Caching e Content Delivery Network (CDN)

- o **Descrizione**: Utilizzare caching e CDN per migliorare le prestazioni e ridurre i tempi di caricamento.
- o **Strumenti**: Cloudflare, Amazon CloudFront.
- o **Esempio**: Implementare un CDN per distribuire i contenuti dell'app di fitness in modo più rapido ed efficiente agli utenti globali.

Automazione dei Processi

1. Automazione del Marketing

- o **Descrizione**: Utilizzare strumenti di automazione per gestire le campagne di marketing e migliorare l'efficienza.
- o **Strumenti**: HubSpot, Marketo.

o **Esempio**: Creare campagne email automatizzate che si attivano in base al comportamento degli utenti, come email di benvenuto, promemoria di carrello abbandonato e promozioni speciali.

2. **Automazione del Supporto Clienti**

o **Descrizione**: Implementare chatbot e sistemi di ticketing per migliorare l'efficienza del supporto clienti.

o **Strumenti**: Zendesk, Intercom.

o **Esempio**: Utilizzare un chatbot per rispondere alle domande frequenti degli utenti dell'app di fitness e instradare richieste più complesse al team di supporto.

3. **Automazione delle Operazioni di Vendita**

o **Descrizione**: Automatizzare il processo di vendita per gestire i lead e chiudere le vendite in modo più efficiente.

o **Strumenti**: Salesforce, Pipedrive.

o **Esempio**: Utilizzare un CRM per automatizzare il follow-up dei lead e gestire le pipeline di vendita.

Espansione del Team

1. **Assunzione Strategica**

o **Descrizione**: Assumere personale con competenze specifiche necessarie per supportare la crescita del business.

o **Esempio**: Assumere sviluppatori aggiuntivi per migliorare e mantenere l'app di fitness, o esperti di marketing digitale per espandere le campagne pubblicitarie.

2. **Formazione e Sviluppo**

o **Descrizione**: Investire nella formazione continua del team per assicurarsi che le competenze siano allineate con le esigenze di scalabilità.

o **Esempio**: Offrire corsi di formazione su nuove tecnologie, tecniche di marketing avanzate e migliori pratiche di servizio clienti.

3. **Creazione di una Cultura Aziendale Scalabile**

o **Descrizione**: Fomentare una cultura aziendale che supporti l'innovazione, la collaborazione e l'agilità.

o **Esempio**: Promuovere una comunicazione aperta, incoraggiare l'adozione di nuove idee e tecnologie, e riconoscere i successi del team.

Monitoraggio e Adattamento

1. **Monitoraggio delle Performance**

o **Descrizione**: Utilizzare strumenti di monitoraggio per tenere traccia delle performance del business in tempo reale.

o **Strumenti**: Google Analytics, Datadog, New Relic.

o **Esempio**: Monitorare il traffico dell'app, le conversioni e le prestazioni del server per identificare e risolvere rapidamente eventuali problemi.

2. **Analisi dei Dati**

o **Descrizione**: Analizzare i dati raccolti per identificare trend e opportunità di miglioramento.

o **Esempio**: Utilizzare i dati di utilizzo dell'app per capire quali funzionalità sono più popolari e investire nel loro miglioramento.

3. **Adattamento e Ottimizzazione**

o **Descrizione**: Essere pronti ad adattare le strategie in base ai risultati dell'analisi dei dati e ai feedback degli utenti.

o   **Esempio**: Se un aggiornamento dell'app di fitness non riceve feedback positivi, essere pronti a implementare rapidamente modifiche basate sui suggerimenti degli utenti.

Case Study: Scalabilità per un'App di Fitness

Esempio: Supponiamo che tu stia cercando di scalare un'app di fitness. Ecco alcune azioni che potresti intraprendere:

1.   **Utilizzo di Servizi Cloud**

     o   Migrare l'infrastruttura dell'app su AWS per garantire una scalabilità automatica e gestire aumenti improvvisi di utenti.

2.   **Automazione del Supporto Clienti**

     o   Implementare Zendesk per automatizzare la gestione dei ticket e utilizzare un chatbot per rispondere alle domande frequenti.

3.   **Espansione del Team**

     o   Assumere sviluppatori aggiuntivi per migliorare le funzionalità dell'app e esperti di marketing per espandere le campagne pubblicitarie.

4.   **Monitoraggio e Adattamento**

     o   Utilizzare Google Analytics per monitorare il traffico dell'app e Datadog per monitorare le prestazioni del server.

     o   Analizzare i dati di utilizzo per identificare le funzionalità più popolari e ottimizzare l'app di conseguenza.

Conclusione

La scalabilità è essenziale per il successo a lungo termine di un business digitale. Pianificando attentamente, ottimizzando l'infrastruttura tecnologica, automatizzando i processi, espandendo il team e monitorando continuamente le performance, puoi garantire una crescita sostenibile. Ricorda di adattarti rapidamente ai cambiamenti e di utilizzare i dati per informare le tue decisioni strategiche, mantenendo sempre l'attenzione sulla qualità del prodotto e sulla soddisfazione del cliente.

Capitolo 7: Casi di Studio e Testimonianze

Storie di Successo

Le storie di successo e le testimonianze sono strumenti potenti per dimostrare l'efficacia del tuo prodotto e per ispirare fiducia nei potenziali clienti. Questo capitolo esplorerà alcune storie di successo di imprenditori digitali che hanno utilizzato strategie efficaci per creare e vendere prodotti online. Analizzeremo come hanno affrontato le sfide, le tattiche che hanno adottato e i risultati che hanno ottenuto.

Caso di Studio 1: L'App di Fitness "FitLife"

Background: FitLife è un'app di fitness che offre programmi di allenamento personalizzati, tracciamento dei progressi e piani alimentari. Lanciata da un piccolo team di sviluppatori e appassionati di fitness, l'app ha rapidamente guadagnato popolarità grazie alla sua interfaccia intuitiva e alle funzionalità avanzate.

Sfide Iniziali

1. **Competizione nel Mercato del Fitness**

    o **Descrizione**: Il mercato delle app di fitness è altamente competitivo, con molte app già affermate.
    o **Approccio**: FitLife ha deciso di differenziarsi concentrandosi su programmi di allenamento personalizzati e un'interfaccia utente intuitiva.

2. **Limitate Risorse di Marketing**

    o **Descrizione**: Con un budget limitato, il team doveva trovare modi efficaci per promuovere l'app senza spendere eccessivamente.

o **Approccio**: Hanno sfruttato il marketing sui social media e collaborazioni con influencer per aumentare la visibilità.

Strategie di Successo

1. **Collaborazioni con Influencer**

   o **Descrizione**: FitLife ha collaborato con influencer di fitness per promuovere l'app.
   o **Risultati**: Queste collaborazioni hanno aumentato significativamente la visibilità dell'app e portato a un aumento del 40% dei download nelle prime settimane.

2. **Utilizzo di Feedback degli Utenti**

   o **Descrizione**: Il team ha raccolto feedback continuo dagli utenti per migliorare l'app.
   o **Risultati**: Le iterazioni basate sul feedback hanno migliorato la soddisfazione degli utenti e ridotto il tasso di abbandono del 20%.

3. **Campagne di Email Marketing**

   o **Descrizione**: Hanno creato una serie di email automatizzate per mantenere gli utenti coinvolti e informati.
   o **Risultati**: L'email marketing ha portato a un aumento del 25% nella fidelizzazione degli utenti e ha generato vendite ripetute.

4. **Espansione delle Funzionalità**

   o **Descrizione**: FitLife ha continuamente aggiunto nuove funzionalità basate sui dati di utilizzo e sulle richieste degli utenti.
   o **Risultati**: L'aggiunta di nuove funzionalità ha mantenuto gli utenti interessati e ha attratto nuovi iscritti.

Risultati

FitLife ha raggiunto oltre 500.000 download entro il primo anno, con una valutazione media di 4.8 stelle sugli store di app. Le collaborazioni con influencer e l'attenzione al feedback degli utenti sono state fondamentali per il loro successo.

Caso Studio 2: Il Corso Online "Digital Marketing Mastery"

Background: Digital Marketing Mastery è un corso online creato da un esperto di marketing digitale per insegnare agli imprenditori e ai professionisti le strategie di marketing digitale. Il corso copre argomenti come SEO, PPC, social media marketing e email marketing.

Sfide Iniziali

1. **Creazione di Contenuti di Qualità**

   o **Descrizione**: Il creatore del corso ha dovuto assicurarsi che il contenuto fosse di alta qualità e aggiornato.

   o **Approccio**: Ha investito tempo nella ricerca e nello sviluppo di materiali didattici approfonditi e ha aggiornato regolarmente il contenuto.

2. **Generazione di Lead**

   o **Descrizione**: Trovare modi efficaci per attrarre potenziali studenti.

   o **Approccio**: Ha utilizzato lead magnets come ebook gratuiti e webinar per attrarre iscritti.

Strategie di Successo

1. **Webinar Gratuiti**

   o **Descrizione**: Ha tenuto webinar gratuiti per dimostrare il valore del corso e attrarre nuovi studenti.
   o **Risultati**: I webinar hanno portato a un aumento significativo delle iscrizioni, con un tasso di conversione del 30%.

2. **Testimonianze e Recensioni**

   o **Descrizione**: Ha raccolto testimonianze e recensioni dagli studenti soddisfatti per utilizzarle nel marketing.
   o **Risultati**: Le testimonianze hanno aumentato la fiducia nei potenziali studenti e hanno migliorato il tasso di conversione.

3. **Marketing sui Social Media**

   o **Descrizione**: Ha utilizzato strategie di marketing sui social media per promuovere il corso.
   o **Risultati**: La presenza sui social media ha portato a un aumento del traffico al sito web del corso e a un maggiore coinvolgimento degli utenti.

4. **Automazione delle Email**

   o **Descrizione**: Ha creato una serie di email automatizzate per mantenere gli iscritti coinvolti e fornire contenuti aggiuntivi.
   o **Risultati**: L'automazione delle email ha migliorato la retention degli studenti e ha portato a un aumento delle vendite dei corsi avanzati.

Risultati

Digital Marketing Mastery ha formato oltre 10.000 studenti nei primi due anni, con un tasso di soddisfazione del 95%. Le strategie di marketing digitale e l'attenzione alle esigenze degli studenti sono state determinanti per il successo del corso.

Caso Studio 3: Il Negozio Online "Eco-Friendly Goods"

Background: Eco-Friendly Goods è un negozio online specializzato nella vendita di prodotti eco-sostenibili, come articoli per la casa, abbigliamento e accessori. Il negozio è stato avviato da due imprenditori con una passione per l'ambiente.

Sfide Iniziali

1. **Creazione di un Marchio di Fiducia**

   o **Descrizione**: Costruire un marchio che gli utenti considerino affidabile e di alta qualità.
   o **Approccio**: Hanno investito nella creazione di un marchio forte e autentico, comunicando chiaramente i valori ecologici.

2. **Competizione con Grandi Rivenditori**

   o **Descrizione**: Competere con grandi rivenditori che offrono prodotti simili.
   o **Approccio**: Hanno differenziato i loro prodotti attraverso l'unicità e l'autenticità, e hanno sottolineato i benefici ambientali.

Strategie di Successo

1. **SEO e Content Marketing**

   o **Descrizione**: Hanno investito in SEO e content marketing per migliorare la visibilità organica.

o **Risultati**: Il blog del negozio ha generato traffico significativo grazie a contenuti di alta qualità su temi ecologici e sostenibili.

2. **Partnership con Influencer**

   o **Descrizione**: Hanno collaborato con influencer ecologici per promuovere i loro prodotti.
   o **Risultati**: Le partnership hanno aumentato la consapevolezza del marchio e portato a un aumento delle vendite.

3. **Email Marketing**

   o **Descrizione**: Hanno utilizzato campagne di email marketing per mantenere i clienti informati sulle nuove offerte e prodotti.
   o **Risultati**: L'email marketing ha generato un tasso di apertura elevato e ha portato a vendite ripetute.

4. **Programma di Fedeltà**

   o **Descrizione**: Hanno creato un programma di fedeltà per premiare i clienti abituali.
   o **Risultati**: Il programma di fedeltà ha aumentato la fidelizzazione dei clienti e incentivato gli acquisti ripetuti.

Risultati

Eco-Friendly Goods ha raggiunto oltre 50.000 clienti entro i primi due anni, con un forte seguito sui social media e un alto tasso di fidelizzazione dei clienti. Le strategie di marketing digitale e l'impegno per la sostenibilità sono stati fondamentali per il loro successo.

Conclusione

Le storie di successo dimostrano che con le giuste strategie e un impegno costante, è possibile creare e far crescere un business digitale di successo. Che si tratti di un'app di fitness, un corso online o un negozio di prodotti eco-sostenibili, le chiavi del successo includono la comprensione del mercato, l'attenzione alle esigenze dei clienti, l'uso efficace del marketing digitale e l'adattamento continuo basato sui feedback e sui dati.

Lezioni Apprese

Analizzare le storie di successo e i casi di studio può offrire preziose lezioni su come affrontare le sfide e implementare strategie efficaci per far crescere un business digitale. In questo sottocapitolo, riassumeremo le lezioni chiave apprese dai casi di studio precedenti, fornendo linee guida pratiche e applicabili per qualsiasi imprenditore digitale.

Lezione 1: Differenziarsi nel Mercato

Caso di Studio: FitLife

- **Strategia**: FitLife ha scelto di concentrarsi su programmi di allenamento personalizzati e un'interfaccia utente intuitiva per differenziarsi dalle altre app di fitness.
- **Lezione Appresa**: In un mercato competitivo, è fondamentale trovare un elemento distintivo che ti separi dai concorrenti. Questo può essere una funzionalità unica, un design superiore, o un servizio clienti eccezionale.

Applicazione Pratica:

- Analizza i tuoi concorrenti e identifica le loro debolezze.
- Crea una proposta di valore unica che risponda ai bisogni non soddisfatti del mercato.
- Comunica chiaramente questa unicità in tutti i tuoi materiali di marketing.

Lezione 2: Sfruttare il Potere del Feedback degli Utenti

Caso di Studio: FitLife

- **Strategia**: FitLife ha raccolto feedback continuo dagli utenti per migliorare costantemente l'app.

- **Lezione Appresa**: Ascoltare i tuoi utenti e apportare miglioramenti basati sui loro feedback può aumentare la soddisfazione e la fidelizzazione dei clienti.

Applicazione Pratica:

- Implementa canali per raccogliere feedback, come sondaggi, recensioni e analisi dei dati di utilizzo.
- Analizza il feedback e identifica le aree di miglioramento.
- Comunica ai tuoi utenti le modifiche apportate in risposta ai loro suggerimenti.

Lezione 3: Collaborare con Influencer

Caso di Studio: FitLife e Eco-Friendly Goods

- **Strategia**: Entrambi hanno collaborato con influencer per aumentare la visibilità e la credibilità del loro prodotto.
- **Lezione Appresa**: Le collaborazioni con influencer possono amplificare il tuo messaggio e raggiungere un pubblico più ampio e mirato.

Applicazione Pratica:

- Identifica influencer rilevanti nel tuo settore.
- Costruisci relazioni autentiche con loro e proponi collaborazioni che offrono valore reciproco.
- Misura l'impatto delle collaborazioni attraverso metriche come l'engagement e le conversioni.

Lezione 4: Utilizzare Lead Magnets per Generare Iscrizioni

Caso di Studio: Digital Marketing Mastery

- **Strategia**: Digital Marketing Mastery ha offerto ebook gratuiti e webinar come lead magnets per attrarre potenziali studenti.

- **Lezione Appresa**: I lead magnets di valore possono essere efficaci nel generare iscrizioni e costruire una lista di contatti.

Applicazione Pratica:

- Crea risorse di valore, come guide, ebook o webinar, che rispondano ai bisogni del tuo pubblico target.
- Promuovi queste risorse attraverso il tuo sito web, i social media e le campagne email.
- Utilizza form di iscrizione semplici per raccogliere le informazioni dei lead.

Lezione 5: Automazione delle Email per Mantenere il Coinvolgimento

Caso di Studio: Digital Marketing Mastery

- **Strategia**: Hanno creato una serie di email automatizzate per mantenere gli iscritti coinvolti e informati.
- **Lezione Appresa**: L'automazione delle email può migliorare la retention e aumentare le conversioni attraverso contenuti rilevanti e tempestivi.

Applicazione Pratica:

- Pianifica e crea una serie di email automatizzate che guidano i nuovi iscritti attraverso un percorso di coinvolgimento.
- Segmenta la tua lista di contatti per inviare messaggi personalizzati e pertinenti.
- Analizza le performance delle email e ottimizza i contenuti basati sui risultati.

Lezione 6: Investire nella SEO e nel Content Marketing

Caso di Studio: Eco-Friendly Goods

- **Strategia**: Hanno investito in SEO e content marketing per migliorare la visibilità organica.
- **Lezione Appresa**: La SEO e il content marketing possono generare traffico sostenibile e qualificato al tuo sito web.

Applicazione Pratica:

- Effettua una ricerca delle parole chiave per identificare le opportunità di ottimizzazione.
- Crea contenuti di alta qualità e rilevanti che rispondano alle domande e ai problemi del tuo pubblico.
- Monitora le performance SEO e adatta la tua strategia basata sui risultati.

Lezione 7: Implementare un Programma di Fedeltà

Caso di Studio: Eco-Friendly Goods

- **Strategia**: Hanno creato un programma di fedeltà per premiare i clienti abituali.
- **Lezione Appresa**: Un programma di fedeltà può aumentare la fidelizzazione dei clienti e incentivare gli acquisti ripetuti.

Applicazione Pratica:

- Progetta un programma di fedeltà che offra vantaggi significativi ai clienti abituali.
- Promuovi il programma attraverso i tuoi canali di marketing.
- Monitora la partecipazione e l'efficacia del programma e apporta miglioramenti basati sui feedback dei clienti.

Conclusione

Le lezioni apprese dai casi di studio dimostrano che il successo di un business digitale dipende da una combinazione di strategie ben pianificate, ascolto dei clienti, utilizzo efficace delle risorse di marketing e adattamento continuo. Implementando queste lezioni nel tuo business, puoi migliorare la tua capacità di attrarre, coinvolgere e fidelizzare i clienti, garantendo una crescita sostenibile e a lungo termine.

www.ingramcontent.com/pod-product-compliance
Lightning Source LLC
Chambersburg PA
CBHW071933210526
45479CB00002B/659